그 새벽
너의 카톡은

그 새벽
너의 카톡은

새내기 상담 샘이 청소년들에게 보내는 메시지

송수진 지음

시간의무늬

차례

철학은 나에게
너는 지금 속고 있다고 한다.

철학은 내가
인간이었음을 다시 알려 준다.

철학은 나에게
비겁하다고 한다.

철학은 죽음을
미리 연습하는 것이다.

프롤로그

1968년 프랑스 68혁명을 함께했던 철학자 바네겜의 문장입니다. 저는 뒤늦게 철학을 공부하면서 프랑스 68혁명을 알고서 깜짝 놀랐어요. 우선 그동안 제가 68혁명에 대해 자세히 배우지 못했다는 점에 놀랐고, 68혁명이 당시 전 세계에 영향을 미칠 때 한국은 68혁명을 해보지 못했다는 사실에 다시 한 번 놀랐습니다. 1960년대 후반 베트남 전쟁에 반대하며 전 세계 젊은이들과 노동자들이 함께 '모든 형태의 억압으로부터의 해방'을 외칠 때, 우리는 오히려 억압된 삶을 살았습니다. 특히 68혁명 이후로 유럽에서는 교육개혁을 통해 무상교육이 실현되고 대학의 서열화가 사라지면서 학벌이 점차 폐지되어 갔지만, 여전히 우리는 입시지옥을 살고 있지요.

그 새벽 너의 카톡은

입시지옥 속에서 아이들이 저에게 카톡을 보냅니다. "이상한 사회에서 살고 있어요.", "왜 이렇게까지 살아야 하는지 모르겠어요." 저는 상담할 때마다 화가 자주 납니다. 물론 저에게 카톡을 보내는 친구들에게 화가 나는 것은 아닙니다. 제가 향하는 분노의 대상은 이 순수한 사람들을 극단으로 가게 한, 지독한 경쟁 이데올로기 그리고 사람보다는 인적 자원으로 길들여지는 교육현장입니다. 현재 청년들은 '시험'과 '실업' 사이에서 과도한 경쟁으로 과다 출혈을 보이는 등 총체적으로 살아가려는 의지를 빼앗기고 있습니다.

왜 저와 문자를 주고받았던 스무 살 청년은 '원하는 대학에 못 갔다는 이유' 하나만으로 자살을 생각할 수밖에 없었을까요? 과연 이런 현실이 자연스러운 걸까요? 어떻게 수많은 학생들이 매일, 매시간, 매분, 매초 잠도 못자며 '같은 이유'로 죽음의 충동 속에 있어야 할까요? 성적이나 연봉이 어떤 사람인지 파악하는 기호가 되어버리고, 시간에 대한 자기 결정권을 박탈당한 채 정해진 규칙에 따라 기계적으로 사는 삶에서 그 친구들은 얼마나 괴로웠을까요? 얼마나 답답했을까요? 유독 왜 한국 청소년들은 행복을 배워본 적도, 가져본 적도 없는 것일까요?

지나친 경쟁에 의해 불안, 열등감을 내면화하고 좌절, 우울, 무기력 등 불행의 감수성을 배우는 청소년들. 짧은 시간 안에 출제자의 의도를 파악하지 못해 정답을 찍지 못했다고 평생 실패자라 낙인이 찍히는 상황. '시험은 공정하다.'라는 거대 담론에 의해 차별을 당연시하는 상황. 성적표에 적힌 숫자로 자신의 정체성을 부여하고, 한 번의 시험으로 인생이 결정되는 느낌을 무의식적으로 받으며, 그 안에서 쌓여가는 죄의식과 이유 모를 분노, 죽음 충동을 느끼는 그들. 저는 2년이 넘게 그들과 새벽에 카톡으로 대화를 나누면서 무언가 크게 잘못되었다는 느낌이 강하게 들었습니다. 대다수가 같은 이유로 죽어가고 있습니다. 언제까지 이렇게 짓눌려야 할까요? 이 책을 통해서 상담을 했던 그 친구들에게 카톡으로는 미처 다 하지 못했던 이야기를 이제 더 하려고 합니다.

오늘도 여전히 생각에 잠깁니다. 나는 왜 상담을 하고 있는 것일까. 그 새벽 왜 낯선 타자를 기다리고 있는 것일까. 결코 저만이 할 수 있는 선의라는 오만함도 아니고, 사람들에게 제가 배운 알량한 지식을 활용하기 위함은 더더욱 아닙니다. 최저 시급이 간신히 넘는 월급을 보면 돈을 많이 벌려는 것도 아닙니다. 그저 저는 그 시간을 설명하기 위해 존재하는 한 사람일 뿐인 것 같습니다. 지금 그 사람들이 겪는 그 시간을 함께해 주며, 그 시간을 설명하기 위해 존재하는 한 사람 말입니다.

새벽에 상담을 요청하는 청소년들은 존재론적인 질문을 많이 합니다. "나는 누구일까?" 그런데 머리로만 나는 누구인가 물어도 답이 잘 나오지 않습니다. 계속 세상과 접촉하고 마주치면서 각자 답을 찾아야만 해요. 그러려면 자각이 필요하고 재해석이 필요합니다. 철학이 바로 그것을 도와줄 수 있어요. 말로 설명하기 힘든 것을 언어로 표현하는 사람들이 철학자들이랍니다. 그래서 철학책을 읽으면 세계가 확장되는 느낌의 연속을 가질 수 있습니다. 여러분 힙합 좋아하죠? 제가 좋아하는 철학은 힙합과 닮았어요. 비주류이고, 반체제적이거든요.

사실 저는 상담 중에 "제가 왜 살아야 하나요?" 같은 실존적인 질문을 던지는 친구들이 좋아요. 그렇게 질문을 던지면서 내 생의 답을 찾으려고 한다는 그 자체가 위대한 겁니다. 저는 20대 내내 참다가 터져 나온 울분을, 제가 만난 10대들은 벌써 지금 하고 있는 거니까요. 니체 말대로 안에 내재된 분노를 밖으로 발산하지 못하면, 그 화살은 결국 안으로 행해지는 거니까요.

세상을 향해 왜 이리 하고 싶은 말이 많은 걸까, 요즘 친구들을 상담하면서 다시 한번 느끼고 있습니다. 부디 죽으려는 마음을 먹었다면 그 마음의 실을 따라가서 그 실을 쥔 실체에게 외치세요! 이제는 해석을 시작하겠다고요! 지금 청소년들이 겪는 죽음의 충동은 개인의 문제가 아니라 시스템, 구조의 문제입니다. 그러니 스스로를 탓하지 말아요. 인생을 철학으로 해석한다는 것은 인간의 문제를 인간의 언어로, 인간의 사유로 해결하자는 것입니다. 여러분도 저도 그 시절 철학자들도 다 인간이었습니다. 앞으로 여러분들은 나의 고통이 결코 나만의 고통이 아니었음을 알게 될 겁니다.

　현재, 코로나19 위기로 우리가 그동안 당연시 여겨왔던 가치들도 조금씩 변화하고 있습니다. 그동안 신자유주의하에서 '경쟁'이 주로 추구했던 가치라면, 지금은 '사회적 거리두기', '마스크 착용', '정보 투명성' 등 서로 함께 연대하는 시민의식이 필요한 시기이지요. 이제는 '경쟁', '성장'보다 '생명', '생태', '환경', '안전', '복지'로 가치의 무게 중심이 변화하고 있어요. 그런 의미에서 교육도 이제는 입시 경쟁만이 아닌 생태교육, 정치교육, 인문교육 등이 확대되어 어떻게 사는 것이 인간답게 사는지 스스로 깨닫게 하는 방향으로 개선되었으면 좋겠습니다. 그로 인해 청소년들이 적어도 경쟁이 초래한 '자살' 충동으로 저 같은 상담사에게 새벽마다 카톡을 보내는 일이 없기를 간절히 바라고 있습니다.

철학은 나에게

의심하라고 한다.

샘, 저는 정해진 운명을 믿어요.
근데 제 운명은 여기서 끝인 것 같아요.
아무리 봐도 희망이 없어요.

운명을 믿어요.
└ 운명론에 대하여

상담을 하면서 간혹 이런 질문을 많이 받아요. "점을 보는 걸 어떻게 생각하세요? 너무 두려워서 점을 보고 싶어요." 모든 자연 현상이나 앞으로 생길 일은 미리 다 정해진다는 결정론적 운명론을 100퍼센트 믿어버리는 청소년들이 있어요. 철학자들 중에도 이런 운명론에 순응한 사람도 있고 아닌 사람들도 있고 다양해요. 17세기 철학자 라이프니츠(1646~1716) 같은 경우, 인간의 모든 행위가 미리 예정되어 있다고 예정 조화설을 주장하기도 했었죠. 그러나 당대의 회의론자였던 프랑스의 철학자 벨(P. Bayle, 1647~1706)은 인간은 감각과 지식을 갖고 있기에 예정 조화설을 온전히 받아들이기에는 무리가 있다고 비판했어요.

그렇다면 과연 목적론, 결정론은 타당할까요? 지금 내가 하는 모든 행위가 미리 다 결정되어 있다니, 믿어지세요? 그럼 이건 누가 결정했죠? 또한 내 몸의 세포는 내가 태어나기 전에 이미 다 고정되게 새겨져 더 이상 변하지 않나요? 현대 뇌 과학은 뇌 세포도 바뀔 수 있다는 사실을 밝혀냈어요. 경험에 의해 시냅스의 강도가 달라진다는 '시냅스 가소성'이라는 것도 있고요. 그러니까 경험이 많을수록 뇌의 역량도 달라지는 거죠.

더불어 우리의 존재가 어떤 목적 때문에 존재한다는 것도 대단한 착각입니다. 그저 그렇게 생각한다는 관념을 부풀려서 세상에 투사하고 의미 부여를 하는 것이지요. 장자는 길은 걸어가야 만들어진다고 했어요. 이 말은 다른 길을 가면 다른 길을 만들 수 있다는 거지요. 또한 사물은 그렇게 불리기 때문에 불리는 거라면, 다르게 부르면 다른 존재가 되는 거랍니다. 철학자 스피노자(1632~1677)는 보이지 않는 외부의 힘에 압도되었을 때, 그 외부의 힘이 만든 그릇된 표상에 사로잡히는 사람을 '비자유인'이라 규정하기도 했어요.

그래서 철학을 공부하는 샘은 운명을 다 믿지 않아요. 다 믿어버리면 나란 인간은 자유가 없어지는 거랍니다. 그건 싫거든요. 일반적으로 자유의 반대말은 부자유겠지만, 철학에서 자유의 반대는 '필연적 결정론'입니다.

19세기 중반 이후 당시 대중에게도 다윈의 생물학적 진화론과 스펜서의 사회적 진화론은 유명했어요. 그런데 베르그송(1859~1941)이라는 프랑스 현대 철학자는 이들의 진화론은 얼핏 보면 합리적인 설명인 것 같지만 이론적 허점이 있다고 보았어요. 왜냐하면 진화라는 것은 오랜 시간에 걸쳐 아주 조그마한 변화들이 지속적으로 모인 결과물인데, 짧은 시간에 그 진화를 결정론적이나 목적론적, 기계론적으로 설명하기란 불가능하다고 본 것이죠. 그래서 베르그송은 진화를 필연적 결과물이 아닌 우연의 창조의 과정이라고 새롭게 해석해요.

과학적으로 봐도 결정론이 무너졌잖아요. 친구들 과학시간에 뉴턴의 역학체계를 배웠죠? 사실 어느 정도는 결정론적이잖아요. 시간의 절대성을 강조하고요. 뉴턴의 운동방정식을 보면 가속도는 속도의 변화량을 시간의 변화량으로 미분해서 구했지요. 그런데 친구들 뉴턴 역학대로 시간이 보편적이던가요? 공간이 다르면 나의 시간과 너의 시간이 다르지 않던가요? 영화에서도 나오지만 지구에서의 시간과 화성에서의 시간이 다르잖아요. 양자역학이라고 들어 봤죠? 이게 등장하면서 절대 시간도 무너졌어요.

그렇지만 사람들은 왜 계속 점집에 갈까요? 답은 의외로 간단합니다. 불안하고 두려워서입니다. 혹시 지금 살아가는 이 세계를 선택한 친구가 있나요? 태어나고 싶어서 태어난 친구 있나요? 없죠. 이렇게 실존 철학으로 보면, 우리는 세상에 던져진 존재이기에 불안은 평생 함께할 수밖에 없어요. 즉, 공포가 두려움의 대상이 존재하는 것이라면, 불안은 대상이 존재하지 않는 두려움이에요. 또한 이렇게 삶이 불안한 이유에 대해 독일의 철학자 프롬 (1900~1980)은 사람들이 능동성과 생산성을 상실했기 때문이라고 진단했어요. 그러니까 자꾸 수동적으로 무언가에 기대고 싶어서 용하다는 점을 보러 가는 거지요. 덴마크의 철학자 키르케고르 (1813~1855)도 불안은 극복의 대상이 아니며 지혜롭게 대처해야 한다고 했어요. 그런데 그거 아세요? 불안에 대한 근본적인 답을 줄 수 있는 사람은 오직 나뿐이라는 걸요.

실존하는 존재인 이상 불안을 피할 방법은 없어요. 불안은 피하고 없애는 것이 아니라 꽉 끌어안고 가는 거예요. 그래서 제 방법은 어찌할 수 없음의 영역이 있음을 항상 느끼고 살아가는 겁니다. 어찌할 수 없는 영역 밖에 있을 때 미리 불안할 필요는 없어지는 거지요. 더불어 어찌 할 수 없는 불운이 왔을 때를 대비해 오늘 더 웃고 오늘 더 사랑하는 겁니다. 사랑하는 모든 이가 갑자기 나를 떠날 수 있어요. 그럴 때면 저는 회환의 눈물이 아니라 그리움의 눈물을 흘리고 싶어요. 그러려면 현재를 꽉 붙잡고 덜 아프게 살아야겠어요.

이처럼 나라는 인간과 나를 둘러싼 세계를 이해하는 '전지적 작가 시점' 같은 건 철학에서는 없어요. 온전히 '내' 인생이거든 요. 내 인생의 주인은 '나'거든요. 그러니 신이든 멘토든 유명한 철학자든 내 인생의 정답을 줄 수는 없어요. 내가 참고해서 내가 만드는 거죠. 나만의 정답을요. 이런 관점에서 철학자 루소

(1712~1778)가 한 말을 하고 마칠게요.

알지도 못하는 행복에 굶주린 마음이, 호기심에 찬 불안한 기분으로 그 행복을 구하며 관능에 속아, 마침내 헛된 행복의 환영에 사로잡혀, 있지도 않은 곳에 행복을 발견했다고 생각하는 그런 시기가 인생에는 있다. (중략) 하지만 이제는 이 세상의 모든 불행을 거의 개의치 않는다. 이 세상에서 얻을 수 있는 모든 참된 선은 나 자신에게 달렸기 때문이다.[1]

——— 루소

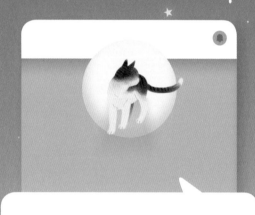

샘, 저는 도대체 왜 태어났을까요?
공부도 못하고
아무 쓸모가 없어요.

도대체 왜 태어났을까요?

└ **무슨 기여를 하려고 태어난 게 아닙니다.**

"네가 선 위치 그대로에서 미리 주어진 어떤 것도 받아들이지 말고, 너 스스로의 탐문을 통해 철학을 하라."라고 말한 철학자가 있어요. 바로 현상학의 대가 독일의 후설(1859~1938)입니다. 후설이 가장 강조했던 건 바로 '판단 중지(에포케)'였어요. 즉, 보편적이고 명확한 진리가 있냐, 없냐? 나는 도대체 왜 태어났느냐? 어디에서 왔고 어디로 가느냐의 방법론적 의미 추구는 다 치워버리라는 겁니다. 모든 판단을 중지하라! 이게 현상학입니다. 왜 이러느냐고요? 의미가 생기기 이전의 상태로 돌아가기 위해서입니다. 그 상태로 돌아가고 나서야 보이는 것들이 있으니까요. 마치 선불교와 닮았어요.

아직도 조금 어렵나요? 그럼, 이렇게 생각해 보세요. 내가 지금 가지고 있다고 믿는 그 모든 것들을 다 잃었을 때, 결국 나에게 남는 것은 무엇이고, 누구인지를요. 사람들은 누구나 나도 모르게 독백처럼 '아, 그럼 그게 아니었던 말인가!' 하는 순간이 온다는 겁니다. 나만의 득도의 경지를 만나기 위해 판단을 중지하고 그전까지 자연적으로 받아들였던 태도를 버리고 새롭게 해석을 함으로써 태도를 변경하라는 것입니다. 지금 내가 마주하고 있는 입시 스트레스, 경쟁에 지친 풍경, 반복적이고 지루하기 짝이 없는 현실 세계의 존재들이 갑자기 다 무의미하게 보인다면 우리 친구들은 이미 철학을 직접 하고 있는 겁니다.

이렇듯 사람의 몸과 마음, 의식이란 무엇인가(현상학)로 평생을 고민한 사람들이 있어요. 잘 이해가 되지 않지요? 어떻게 사람의 마음이 무엇인지에 대해 한평생을 바칠까 말이죠. 그런데 샘도 그렇고 친구들도 그렇고 살다 보면 내 마음이 내 마음 같지 않았던 적 많지 않았나요? 그래도 인간의 마음이 어떻게 작용하고 어디서부터 어디까지 움직이고 있으며 어디로 향할 것인지에 대해 연구한 사람들의 이야기를 듣다 보면 그래도 조금의 실마리가 잡히지 않을까요?

현상학의 창시자 후설은 사람의 몸을 두 가지로 구분했어요. '물리적인 몸'과 '감각적이고 살아 있는 몸'이요. 후설이 말하는 물리적인 몸은 감각하지 못하는 죽은 몸이나 마찬가지예요. 여러분 학교에 가려고 생각만 해도 몸이 굳죠. 어렵게 버스 타고 학교 앞에 도착했어도 들어가기 싫죠. 몸이 반항을 하는 거예요. '오늘 하루도 내 몸은 지루함을 견디겠구나.' 하고요.

이렇게 후설이나 메를로퐁티(1908~1961)같이 몸과 마음을 둘러싼 현상을 연구했던 철학자들은 내가 감각하는 몸이 세계와 연결되어질 때 비로소 '실존으로서의 인간'으로 살 수 있다고 보았어요. '실존'이라는 단어는 좀 낯설죠? 실존주의 철학자 사르트르(1905~1980)가 말한 '실존'으로 설명해 볼게요. 여러분이 지금 앉아 있는 의자는 처음에 만들어질 때 목적이 있었어요. '사람을 앉게 하려는 그 목적' 말이죠. 그 목적이 그 의자에게는 본질이에요. 누군가를 앉게 하기 위해 애초에 만들어진 그 의자의 본질 말이죠. 사실 사물들은 그럴 수밖에 없지요.

하지만 인간은 어떤가요? 무슨 '목적'이 있어서, 어떤 '이유'가 있어서 태어났나요? 그저 태어났어요. 아무런 이유 없이, 목적 없이 수많은 갈림길에서 무수한 마주침 끝에 기적적으로 태어났단 말이죠. 그리고 아기의 형태로 세상에 던져졌어요. 그래서 인간은 본질이 없어요. 무슨 기여를 하기 위해 태어난 게 아니죠. 다시 말해서 친구들이 학교 공부를 잘해서 학교나 부모의 기대에 부응하려고 태어난 게 아니란 뜻이죠. 그래서 인간은 '실존'이에요. 내가 태어난 이유를 내가 스스로 살아가면서 만드는 거죠. 이미 만들어진 이유 같은 건 결코 없어요.

그래서 사르트르는 이런 말을 했습니다. '실존은 본질을 앞선다.'라고요. 그게 사물과 인간의 차이에요. 간혹 상담 중에 청소년 친구들이 이런 질문을 많이 해요. '샘, 제가 태어난 이유는 뭘까요?' 그러면 샘은 당혹스러워요. 태어난 이유 같은 건 실존 철학에서는 없으니까요. 사르트르에 의하면 인간의 존재 방식은 무(無)에요. 빈 그릇이죠. 그러니 내 존재의 근거를 바깥에서 계속 찾아야 해요. 살아가야 할 이유도 지금부터 만들어야 해요. 나 스스로요. 아무리 학교, 입시, 답답한 체계들이 나를 숨막히게 해도, 누군가 경쟁에 지쳐서 나를 밟으려 해도 그대로 주저앉을 수는 없어요. 우리는 실존이니까요. 철학자 베르그송도 인간의 진화는 주어진 목적을 향해 가는 과정이 아니라 여러 우연으로 마주친 변화의 과정이고, 무한한 생성의 흐름이라고 했어요.

'나에게 주어진 목적', '사회가 정한 꿈'이라는 바닷물은 그만 마시길 바랍니다. 그런 꿈을 찾는다고 바닷물을 계속 마시면 체화된 갈증은 결국 나를 잡아먹을 겁니다. 그럼에도 내 생을 다시 붙잡을 생수를 드세요. 그 생수가 샘한테는 철학이었는데, 누군가에게는 그림, 음악, 문학, 여행, 시, 길을 걷는 것, 춤, 모르는 것을 아는 짜릿함, 지켜 주고 싶은 사람, 누군가를 웃게 하는 일, 시들어가는 화초에 물을 주는 일일 수도 있어요. 이렇게 행복이라는 것은 거창한 것이 아니라 나만의 확실성을 가지고 살아가는 거예요. 모두가 원하는 보이지도 않는 보편적 행복이 결코 내 행복이 아니에요. 자기만의 이유로 살아가는 것이 바로 행복입니다.

사르트르

프랑스의 철학자, 소설가, 실존주의 사상가. 평생의 화두가 '자유'였던 철학자.

사르트르가 보기에 인간은 자유를 선고받은 존재다. 그래서일까? 인간은 자유가 가져다주는 현기증인 불안을 안고 살아갈 수밖에 없다. 인간은 자유이고 자유는 선택이고 선택은 책임이고, 선택과 책임은 불안을 동반하니 말이다. 사르트르를 읽다 보면 '자유'와 같은 이름이 '책임'이라는 사실을 새삼 알게 될 것이다. 더불어 그가 보기에 인간의 본질은 '무엇이든 될 수 있는 가능성'이다. 그렇기에 내 실존의 책임은 온전히 나에게 있다. 이처럼 사르트르가 볼 때, 인간은 끊임없이 자신 이외의 것이 되려고 하며 기꺼이 자기를 내던지며 사는 존재였던 것이다. 주어진 본질은 없다. 인간은 끊임없이 본질 밖으로 나가려는 자유로운 존재(existence)이니까. 그렇기에 실존은 본질에 앞선다.

노벨상은 자본주의 국가들끼리 나누어 갖는 일종의 정치적 산물이라며 수상을 거부하기도 했다. 저서로는 『존재와 무』, 『구토』, 『말』 등이 있다.

철학은 나에게 의심하라고 한다.

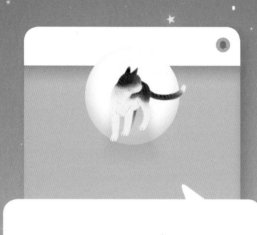

샘, 죽으면 어떻게 될까요?
이런 것들이 너무 궁금해요.

죽으면 어떻게 될까요?

└ 철학은 사고 실험이다.

사람이 죽으면 어떻게 될까요? 물리학자라면 우리 몸이 소립자나 원자로 되어 있으니 흙속이나 공기 중으로 분산된다고 할 테죠. 종교적이라면 또 다른 해답을 제시해 주겠지요. 그렇다면 철학적으로는? 글쎄요. 그저 철학에서는 한 인간이 죽으면 그 사람의 세계도 끝이라고 생각해요.

사실 철학자들은 사고를 실험합니다. 이게 무슨 소리냐고요? 그러니까 다소 비현실적인 상황을 가정하고, 그 사고 실험의 과정에서 통찰한 바를 다시 현실 세계에 적용하는 것이 철학이에요.

대표적인 것이 독일의 철학자 헤겔(1770~1831)의 변증법입니다. '정(즉자) ⇨ 반(대자) ⇨ 합(즉자=대자)' 이런 도식 익숙하죠? 동방신기도 《정반합》이라는 제목의 노래를 불렀잖아요. 그냥 쉽게 말해서 '정(즉자)'은 어떠한 반성도 없이 살아가는 겁니다. 예를 들어 반에서 학교 폭력이 일어나도 그저 나는 남의 일인 양 모른 척하는 게 '정'이죠. 그러다 모른 척하는 나를 반성하게 됩니다. 그게 '반(대자)'이에요. '어? 인간적으로 이건 아니잖아!!!' 그래서 나는 용기를 가지고 개입을 합니다. "그러지 말라고! 신고한다고!" 이 상태가 '합'입니다. 새로운 인간으로 거듭나는 거지요.

또 다른 예를 들면 마음이 아파서 병원에 갔어요. 의사가 나보고 우울증이라고 진단을 내리고 약을 줬어요. 그러면 '난 우울증이야. 난 정상이 아니야.' 이렇게 굴을 파고 들어갈 게 아니라, '잠깐, 이 전문가는 나의 뇌를 파악해서 나를 진단했어. 그러면 내 뇌의 어느 부분이 살짝 오류가 난 건가? 그리고 지금 준 이 약은 그 부분을 보완해 주는 거구나. 먹으면 일시적으로 좋아지겠지. 그렇다고 평생 약만 먹을 수는 없고 혹시 의학 말고 뭔가 다른 방법은 없을까? 신체와 정신은 분리되는 것이 맞을까? 혹시 몸과 마음은 연결되어 있지 않을까?' 이렇게 의심하고 자각하고 다른 세계를 찾아가는 거지요. 뇌 과학책도 찾아보고, 호르몬 관련 약에 대해서도 알아보고요. 이게 철학적 사고입니다

인간은 생각을 할 수 있죠. 그러니까 사고 실험이 가능한 존재입니다. 예전 고대 사람들은 자신이 살고 있는 지구가 움직일 거라는 것을 감히 상상하지 못했어요. 지금 이 사실은 상식이지만요. 나중에 지구도 움직이고 태양도 움직인다는 것을 무수한 사고 실험과 실제 실험으로 증명해내죠. 그리고 모든 움직임은 상

대적이라는 것을 알게 되죠. 후에 아인슈타인이 상대성 이론을 만든 것도 철학자 데카르트(1596~1650)의 좌표계 이론 덕분이었답니다.

데카르트가 남긴 유명한 말은 수업 시간에 다들 한 번은 들어 봤을 거예요. "나는 생각한다. 고로 나는 존재한다."

법조인으로 안정적인 삶을 살기를 바랐던 부모의 기대와는 달리 데카르트는 어릴 때부터 자신이 던진 질문에 답을 찾기를 바라는 사람이었어요. 보수적인 신학교를 다니는 내내 겉으로는 선생님 의견을 믿는 척했지만 속으로는 그 시대의 맹목적인 확신은 다 의심하던 사람이었어요. 그는 저서 『방법서설』에서 말하지요. '나는 내 자신과 세계라는 커다란 책에서 찾아낼 수 있는 지식 이외에는 어떠한 다른 지식도 탐구하지 않기로 결심했다.'라고요. 이렇게 철학자들은 복잡한 타자들과 계속 부딪히면서 자신의 철학을 정립해 나갔어요. 그렇게 데카르트도 일종의 사고 실험을 한 겁니다. 나라는 존재에 대해 끊임없이 의심하고 회의했죠. 그렇게 나온 게 여러분들이 수학시간에 배운 x축과 y축이에요. 데카르트가 발견한 이 좌표계의 원리는 기하를 대수적으로 표현할 수 있게 해 주었죠. 이렇게 철학자의 사고 실험은 지금 현재 눈에 보이지 않는 법칙을 만들어 내기도 하고, 과거를 다시 재해석하기도 하죠.

철학자 칸트(1724~1804) 역시 인간의 관심을 여러 사고 실험을 통해 세 가지로 나누었어요. 칸트는 세 가지 비판서를 쓰면서 사람의 관심 영역을 세 가지로 분리해 내죠. 칸트에 따르면 우리 인간은 '이론적 관심'도 있고 '윤리적 관심'도 있고 '무관심'도 있어요.

자, 그럼 한번 사고 실험을 해 볼까요? 의사는 수술실에서 사람의 몸을 이론적으로 봐야 하나요? 윤리적으로 봐야 하나요? 대부분의 의사는 응급실에 피투성이로 누가 실려 오면 그 사람이 누구든, 선한 자든 악한 자든 일단 수술을 합니다. 이렇게 이론적이어야 할 때는 이론적이어야 하고 윤리적이어야 할 때는 윤리적이어야 하죠. 음주 운전으로 사람을 죽게 한 범죄자라고 수술을 안 할 수는 없겠죠. 의사의 관심은 그 순간은 이론적이어야 합니다. 윤리적 판단은 법정에서 하는 겁니다.

자, 그럼 무관심은 뭘까요? 이론적 관심과 윤리적 관심 모두 없앤 것을 뜻합니다. 예를 들어 미술과 실습 현장에서 누드화를 보며 토론을 하고 있어요. 대부분 사람들은 그저 그 누드화를 예술적 영역으로 대하며 무관심하게 보고 있는데, 어느 한 명만 누드화를 보고 귀가 벌개지고 있다면, 그 사람은 누드화를 무관심으로 본 게 아니죠.

몇 년 전에 예술계의 미투 운동이 많았습니다. 칸트가 지금 이 시대에 왔다면 아마 그 가해자들에게 화를 내며 이렇게 말했을 겁니다. 윤리적이어야 하는 영역을 감히 미적 영역으로 끌고 왔냐고요. 용납할 수 없는 거죠.

　　　　　　　　　　　　　그 새벽 너의 카톡은

여러분이 많이 들어봤던 철학자 니체(1844~1900)도 이러한 사고 실험을 했어요. '영원회귀'가 바로 그것입니다. 쉽게 말해서, 지금 당신이 살았던 모든 삶은 만 년 뒤에도 또 반복된다는 겁니다. 단, 우리는 기억을 못할 뿐이라는 거죠. 그러면서 니체는 이렇게 말합니다. "네 행위가 영원히 반복되더라도 좋은 행위를 행하라."

지금 내 행위는 만 년 뒤에도 똑같이 반복될 테니 지금 '제대로' 살라는 거지요. 니체의 사고 실험대로라면 저는 만 년 뒤에도 이 책을 쓰고 있겠군요. 그러니까 니체는 오늘을 제대로 나답게 살라는 뜻을 사고 실험으로 말한 겁니다.

그러려면 오늘 용기 있고 기분 좋은 행위를 해야겠죠? 만 년 뒤에도 똑같은 것을 해야 한다면요. '이 정도는 되어야 하루를 제대로 사는 의지가 생긴다.' 이겁니다. 그러니 오늘 잠깐 비굴해진다고 해결되지는 않겠죠? '이 순간만 모면하면 되겠지.'란 말은 니체 앞에서는 안 통하는 겁니다. 또 반복되니까요. 그러니 니체처럼 살아가기는 힘들다고 하는 건가 봅니다. 이 사고 실험, 본인의 인생에 갖다 쓰고 싶으면 쓰세요. 권장합니다.

드라마 《미생》에도 이런 대사가 나옵니다. '순간을 놓친다는 건 전체를 잃고 패배하는 것을 의미한다. 당신은 언제부터 순간을 잃게 된 겁니까.'라고요. '이 순간만 모면하면 되겠지.' 하면서 정의를 외면하고 모른 척하다가는 전체를 잃을 수도 있어요.

그러니 내가 죽으면 어떻게 될지 고민하기보다는 지금 현재 나의 삶을 어떻게 살지 고민해 볼까요? 철학자들은 순간순간 최선을 다해 살다 보면 내 삶의 후회가 적어진다고 말한답니다. 철학자 블랑쇼(1907~2003)는 "나는 죽는 것보다 사라지는 것이 더 무섭다."라고 했어요. 그러니 우리 친구만의 역사를 쓰세요. 내 역사대로 살면, 영원히 사라지지 않는 삶을 살 수 있어요.

그 새벽 너의 카톡은

칸트

독일의 철학자. "내용 없는 사유는 공허하고 개념 없는 직관은 맹목적이다."라고 주장하며 경험론과 합리론을 종합하려 했던 철학자. 대상이 인식을 구성하는 것이 아닌, 인식이 대상을 구성한다는 코페르니쿠스적 전환을 일으킨 사람이다. 인간의 눈으로 본 세상과 우리 집 애완견의 눈으로 본 세상은 다르지 않던가! 단 하나의 본질적 세상 같은 것은 알 수 없지 않을까? 저서로는 『순수이성비판』, 『실천이성비판』, 『판단력 비판』 등이 있다.

니체

독일의 철학자. 외부 자극에 따라 그저 삶을 수동적으로 살아가는 '반응적 인간'을 아주 싫어했던 철학자. 흔히 세상을 바라볼 때 우리보다 세상이 먼저 존재했기에 우리는 자신이 살아가고 있는 세상이 당연하다고 착각한다. 하지만 그 생각 때문에 주어진 삶을 그대로 받아들이고 있지는 않은가? 니체가 볼 때 세상은 자명한 게 아니었다. 세상도 '힘에의 의지'고 나도 '힘에의 의지'다. 니체가 말하는 '힘의 의지'는 인간의 삶이 비극이라는 사실을 긍정하는 힘이었다. 니체에게 인간은 끊임없이 자신을 극복하는 궁극의 존재였으니까. 이렇게 힘들어도 자신의 삶을 기꺼이 극복하고 긍정할 수 있는 '인간의 가능성과 힘'에 대해 이야기한 사람. 그래서 한 사고실험이 바로 '영원회귀'. "지금까지의 삶을 똑같이 만 년 뒤에 반복해도 이 삶을 긍정할 만큼의 확신이 지금 당신에게 있는가?"라고 니체는 우리에게 계속 묻는다. 저서로는 『반시대적 고찰』, 『도덕의 계보학』 등이 있다.

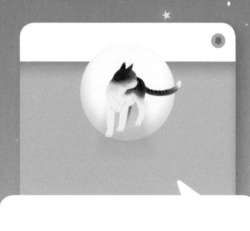

샘, 세상은 너무 더럽고 무서워요.
너무 두려워요.

세상은 너무 더러운 거겠죠?

안타깝게도 어느 정도는요.
그러니 우리 세상을 공부합시다.

세상에는 부당한 일이 너무나 많습니다. 부당 해고되어서 무효 소송을 내도 기업이 승소하는 경우도 많고요, 억울하게 누명을 써서 재심을 하는 경우도 있어요. 사기꾼들은 법을 아주 잘 알아서 오히려 그 법을 악용하고 법망을 다 피해가고요. 저도 두 눈 뜨고도 사기를 당한 적이 있고, 그 후 변호사를 찾아가 보았지만 소송할 비용조차 없어서 못했습니다. 결국 나중에 저 같은 피해자들이 단체로 모여서 소송을 했지만 패소했더군요.

또한 화려한 광고도 대중을 속이는 경우가 있죠. 요즘 기업은 영악해서 광고에 인문학을 섞어요. 예전에 삼성전자 광고 보면 '또 하나의 가족'이라고 하더라고요. 가족이라고요? 가족인데 삼성전자 온양공장, 기흥공장에서 방사선 기계로 검사 업무를 하다가 백혈병으로 죽은 청춘들이 산재보상을 받기까지 시간이 그리오래 걸렸나요?[2]

이 지경이 되니까 저는 제 정신 건강을 스스로라도 지키고 싶었습니다. 그래서 배운 게 철학이었어요. 철학을 배울수록 속이 너무 시원하더라고요. 제가 감각으로만 느꼈지만 차마 몰라 욕하지 못했던 것들을 마르크스(1818~1883)가 이미 150년 전에 『경제학-철학 수고』에서 다 언급했더라고요. 그리고 이런 말도 했지요. "인간이 역사를 만들기는 하지만 역사가 만들어지는 여건은 인간이 선택한 것이 아니다."

그러면 우리는 뭘 해야 할까요? 세상이 두렵다고 피하기만 하면 세상이 만든 그물에 잡히고 말겠죠? 그러니 세상을 알아야 해요. 그러려면 책을 읽어야 합니다. 여러분 4차 산업혁명이라고 들어봤죠? 4차 산업시대일수록 고전을 읽어야 해요. 아니, 딥러닝(Deep Learning)을 하는 인공 지능이 사람의 노동 영역을 다 차지한다고 하는데 무슨 고리타분한 옛 이야기를 읽어야 하냐고요?

고전은 그런 통계적 수치로 세상을 분석하는 것에서 잠시 해방감을 줍니다. 그러니까 숨 좀 쉴 수 있게 읽으라는 것이죠. 제가 좋아하는 철학자들은 대부분 비주류의 삶을 살았으니까요. 철학자이자 소설가 카뮈(1913~1960)는 "인간의 인생은 이 느린 오지 여행에서 자신을 재발견하는 일 이외에는 아무것도 아니다."라고 말하기도 했지요. 잠시 숨을 고르고 비주류들이 이야기한 것들을 다시 현실과 접목해 아예 새로운 것을 만들어 버리세요. 사람들

그 새벽 너의 카톡은

이 고전을 안 읽으니까 고전평론가라는 직업도 새로 만들 수 있는 거예요. 고전은 남들과는 다른 사고를 하도록 도와줍니다.

저는 지극히 평범한 사람이니까 보통 사람이 책을 읽을 수밖에 없는 방법을 알려줄게요. 간단합니다. 저는 할 줄 아는 게 없었어요. 그래서 세상이 두려웠습니다. 그래서 더 세상을 알고 싶었습니다. 그저 20대 내내 목마른 사람이었어요. 그런데 일은 해야 하고 세계 속에 있는 나를 데리고 계속 살아야 하잖아요? 그러려면 나를 둘러싼 세상 공부를 해야 했죠.

세상을 가장 빠른 시간에 내 편으로 만드는 유일한 방법이 바로 '독서'입니다.

그럼, 무슨 책을 읽어야 할까요? 단순합니다. 끌리는 거 읽으세요. 어떤 분야가 궁금하면 최대한 그 분야에서 쉬운 것부터 읽어야 합니다. 위대한 학자들이라고 쉽고 잘 읽히게 쓰는 건 아니더라고요. 또 '베스트셀러'라고 다 나와 맞는 것도 아니고요. 만일 회계에 관심이 생겼어요. 그러면 입문서 중 나에게 맞는 쉬운 문체로 쓴 글을 읽으세요.

궁금해서 알기 전까지는 잠도 못 자는 그 욕구가 있어야 '진짜 공부'가 시작됩니다. 혹시 지금 우리 집은 전세라서 부모님이 자주 그 문제로 속상해 하시고 급기야 2년마다 집주인과 다투는 것을 목격했다면, 우리나라 부동산 제도나 법 체계 그리고 전반적인 경제 흐름을 나도 모르게 공부하게 됩니다. 울지 않게 해 주고 싶으니까요. 사랑하는 가족에게 조금이라도 도움을 주고 싶으니까요. 혹은 내가 알바를 했는데 업주가 근로계약서도 안 쓰고 주휴수당도 안 줘요. 그래서 고용노동부에 신고하고 싶어요. 그때는 근로기준법이 술술 읽힐 겁니다.

친구들 다이어트에 관심이 많지요? 계속 관심을 가지고 단식도 해 보고 고기만 먹는 황제 다이어트를 했다가 또 채식만 했다가 아예 생채식을 했다가 또 과일만 먹다가 이제는 섞어 하기도 하고 그러면서 저절로 몸과 음식에 대해 공부를 하게 됩니다. '인간에게 몸이란 무엇인가' '체질이란 무엇인가' '채식주의는 무엇인가' '육식을 한다는 건 어떤 의미인가' 등 말이죠. 그러다가 더 나아가면 '내 몸을 다른 생명체와 동일하게 볼 것인가' '그저 인간을 지구에서 스쳐지나가는 거주자로만 볼 것인가'에 따라 환경을 대하는 태도까지 달라지지요.

또한 열심히 알바해서 번 돈으로 대학 학비는커녕 생활비 쓰기도 벅찰 때, 대학 등록금이 왜 이리 높은지 그 메커니즘을 공부하게 되고, 그러다 보면 이런 질문에 봉착하게 됩니다.

'도대체 학위는 나에게 무슨 가치가 있는가.' 기회비용 대비 가치가 있으면 계속 다니는 거고, 아니면 '나는 논문이나 학위보다는 그냥 내 의견을 차라리 대중에게 알릴래.'라고 하면서 아예 직접 책을 쓰게 되는 거예요.

이렇게 내 문제와 연관되면 '왜지?' 이런 궁금증이 절로 나옵니다. 결핍이 있어야 '어? 뭐지?'가 되지요. 그러니까 철학자 하이데거(1889~1976) 식으로 표현하자면 미처 못 보았던 존재가 내 눈앞에 갑자기 확 열려서 존재자에게 드러나는 그런 경지 같은 거랄까요. 그러니까 쉽게 말해 내 삶에서 낯선 것이 있어야 된다는 거예요.

칸트도 여행 서적을 참 좋아했어요. 또한 낯선 항구 도시에 살았죠. 여러분은 칸트가 정시에 산책을 하는 사람이라고만 알고 있죠? 사실 칸트는 누구보다 낯선 것을 좋아했던 사람이었답니다. 칸트가 어느 날 매일 하는 산책을 못한 적이 있어요. 산책하는 것도 잊고 읽은 책이 바로 루소의 『에밀』입니다. 제가 1장에서 인용했죠. 시간날 때 꼭 읽어 보세요. 문체가 강렬하고 반항적이기도 해서 특히 청소년들이면 잘 읽힐 겁니다.

스피노자 역시 그 당시 대도시 암스테르담에 살면서 계속 낯선 것들을 목격하고 자신만의 철학을 정립해요. 철학자 비트겐슈타인(1889~1951)도 금수저로 태어났지만 다 벗어던지고 전쟁에 자진해서 갔고, 교수 자리를 마다하고 시골 초등학교 선생님을 하는 등 계속 낯선 곳으로 자기를 던졌어요. 철학자 푸코(1926~1984) 역시 자신과 삶의 방식이 다른 사람들을 보고 '진실을 말할 용기'(파르헤지아, Parrhesia)를 얻습니다. 그리고 철학자 알튀세르(1918~1990)는 포로수용소에서 어제와 오늘 사이의 인식론적 단절을 해야 나를 지킬 수 있다는 자신만의 철학을 깨달았지요.

이렇게 낯설음은 굉장히 중요하답니다. 지금 우리 학생들은 배가 부른데 밥상에 잔뜩 차려진 밥을 먹으려니 목으로 음식이 안 들어가는 겁니다. 그러니 당연히 차려진 공부가 버겁고 힘들지요. 끝으로 소설가 카프카가 말하는 우리가 읽어야 하는 책에 대한 의견을 들어 볼까요?

우리가 필요로 하는 책이란 우리를 몹시 고통스럽게 하는 불행처럼,
자신보다 더 사랑했던 사람의 죽음처럼,
모든 사람을 떠나 인적 없는 숲 속으로 추방당한 것처럼,
자살처럼 다가오는 책이다.
한 권의 책은 우리 내면의 얼어붙은 바다를 깨는 도끼여야만 한다.

───── 1904년, 「카프카가 친구 오스카 폴락에게 보낸 편지」 중[3]

마르크스

독일의 철학자. 자본주의가 이전 사회와 무엇이 다른지 정확하게 알아낸 철학자. 신분해방은 되었으나 생산 수단에서는 소외되었다는 자유의 이중성과 노동의 주체성 상실로 인한 노동 소외 등을 밝힌 사람. 생산 수단이 없어서 팔 수 있는 것이라고는 노동력이라는 상품밖에 없는 사람들 편에 섰던 철학자. 그래서인지 더더욱 사람들 간의 신뢰와 진정한 실천을 외쳤던 사람. 저서로는『자본론』, 『경제학-철학 수고』 등이 있다.

알튀세르

프랑스 철학자. 낯선 삶으로 자꾸 초대하는 철학자. 진짜 '나'는 누구였을까를 생각하게 하는 철학자. 국가, 가족, 학교, 직장 등에서 '호명된 나'가 진짜 나였을까 고민한다면 알튀세르를 읽을 시간. 나를 둘러싼 세상과 나는 필연이 아니라, 하늘에서 내리는 비처럼 우연들의 산물이라 외쳤던 철학자. 이것이 마주침의 유물론이다. 혹시, 현재 스스로를 버겁게 하는 호명들이 있다면 이제는 그 호명된 주체에서 벗어날 수도 있다는 것을 알려주는 철학자. 자신이 사는 세상이 전부라고 느껴져서, 지금 삶이 막연히 두렵기만 한 청소년이 있다면 알튀세르의 책을 소개해 주고 싶다. 또한 사람의 무의식까지 허위로 물들게 하는 여러 이데올로기에서 벗어나고 싶다면, 이제는 알튀세르라는 낯선 사람의 책을 접해보자. 우연히 그의 사유의 흔적을 통해 어제와는 다른 내가 되어 있을 것이다. 저서로는『아미앵에서의 주장』,『철학에 대하여』,『미래는 오래 지속된다』 등이 있다.

샘, 진짜 이번 시험 잘 봐야 해요.
못 보면 제 인생은 끝이에요.
지금부터 간절히 바라면 이루어질까요?

간절히 바라면 다 이루어지나요?

**글쎄요. 지나친 긍정은
사람을 다치게 할 수도 있어요.**

때로는 하염없이 안개 속을 걸어야 하는 때도 있어요. 같이 그 길을 걸어줄 사람만 있다면 덜 힘들겠지만 아쉽게도 그러지 못할 때가 더 많아요. 자꾸 넘어져서 무릎은 까지기만 하고 죽음 충동은 여지없이 어슬렁어슬렁 다가오지요. 안개만이라도 흩어지게 하는 것이 상담하는 사람이 존재하는 이유인 것 같아요. 안개가 흐려지면 넘어지지는 않을 테니까요. 그 뒤에 다시 길을 걷는 것은 그 사람의 몫이겠지요.

공부하는 이유 😀

새벽 2시. 딩동. 문자가 도착해요. 이 시간에도 공부를 한다는 친구들이죠. 그들은 자존심 때문에 공부를 한다고 했어요. 세상을 살면서 받아온 여러 차별들이 몸에 체화되어 그것들을 없애는 최선의 방법은 기득권이 마련해 놓은 길에서 보란 듯이 열매를 쟁취하는 것이라고요. 그 열매만 쟁취해서 문턱을 넘고 후광 효과도 가지면 나를 무시했던 제도권 내의 사람들, 부모님, 선생님, 질투하는 내 옆자리 '친구라는 단어의 아이들' 모두에게 보란 듯이 복수할 수 있으니 말이지요. 그 과정에서 나를 조금 죽여도 괜찮다고요. 어차피 지금의 내 '판'만 바뀌면 보상은 반드시 따라오니까요.

그들은 말했어요. 어차피 경쟁 사회이고 살아남는 자가 강자라면, 나는 기필코 이길 것이라고요. 이겨서 보란 듯이 그 '성공'이라는 것을 하고 힘을 가질 것이라고 말이죠. 그 힘이 돈이든 평판이든 뭐든 없는 것보다 좋지 않느냐고요. 그래서 외우기 싫어도 밤을 새서라도 외워야 한다고요. 지금 내가 그냥 자면 나는 더 큰 후회를 할 것이고, 하기 싫은 것을 참고 해내는 기적을 이 사회에서는 성공 신화라고 대접해 주니까요. 남들은 다 참고 하는데 나만 못하면 나는 오직 루저일 뿐이니까요. 그 친구들에게 공부는 나름대로 생존 무기였던 거지요. 문제는 언젠가는 무너지는 순간이 온다는 것이에요.

잠깐, 이 시점에서 질문 하나 던질게요. '차별'받지 않으려고 하는 공부가 '진짜' 공부인 걸까요? 지금 여러분이 하고 있는 그 '공부'는 입시에 적합한 유형의 사람을 만드는 과정의 하나일 뿐

그 새벽 너의 카톡은

이에요. 허무한가요? 그래요, 여러분 말대로 그 지난한 입시 과정을 뚫고 소위 명문대 트로피를 쥐는 자는 '소수'죠. 그러면 여기서 앞으로 인생을 살아가면서 심각한 두 가지 문제에 직면하게 됩니다.

첫 번째는 그 '소수'들이 직면하는 문제죠. 트로피를 쥔 '소수'들은 자신들이 받는 특혜를 공정하다고 여기고 더욱더 차별을 할 수 있는 기회를 얻어요. 시스템이 만들어 놓은 판에서 자신을 눌러가며 트로피를 쟁취한 이상, 그 모든 보상은 그들에게는 당연할 것이라 착각하죠. 과연 그럴까요?

두 번째는 트로피를 갖지 못한 '다수'의 문제에요. 다수들은 남은 긴 세월을 고작 20년 동안 체화된 열패감으로 시작해야 해요. 그 다수에게는 청춘이니 모든 걸 다할 수 있다는 위로의 말은 폭력이 되죠. '니들이 시키는 대로 진짜 최선을 다했는데 나는 안 되더라니까? 그래서 부모, 학교는 그렇다 치고 나 스스로도 '루저'라고 정의한 지금, 또 노력을 더 하라고?'가 되는 것이죠.

이 글을 쓰고 있는 저도 주류에 끼지 못한 다수였어요. 누구보다 다수가 느끼는 열패감을 아주 잘 알지요. 20대 전반을 열패감으로 보냈어요. 서른 살 넘어 철학을 접하기 전까지는 말이죠. 그러니 부디, 시스템이 준 열패감 때문에 자신의 목숨을 끊고 싶은 친구들이 있다면 이런 말을 해 주고 싶어요. 목숨을 끊는 대신 내 목숨을 끊고 싶을 정도로 힘들게 만든 그 시스템의 악순환의 고리를 내 마음속에서 끊자고 말이죠. 자살이 구조 안에서 어떠한 저항도 하지 못해 하는 마지막 선택일 수도 있다는 거 알아요. 단순히 우울증이나 개인의 나약함으로 보는 이 사회를 향해 쓰게 한 번 웃자고요.

상담 중에 누군가 저에게 물었습니다. 학벌 콤플렉스를 없애는 것이 가능하냐고요. 학벌 콤플렉스를 사회 차원에서 바꾸는 것은 불가능합니다. 그것은 아주 견고한 성 같은 거니까요. 신화이고 상징이죠. 프랑스의 정신 분석학자 라캉(1901~1981)의 표현으로 하면, 체제 안의 욕망이죠. 그러면 스스로라도 체제 밖의 욕망을 꿈꿔야 합니다. 그 체제 안에서는 학벌이라는 경계로 이득을 얻는 이들이 있는 한 콤플렉스는 더 견고해질 뿐입니다. 그러니 그 상징에서 내가 나오면 됩니다. 이러면 또 자기 합리화라고 욕합니다. 욕하라고 하세요. 이것은 재해석이고 저항이니까요. 저항에는 반대급부로 욕이 따라옵니다. 그리고 합리화는 제자리 걸음이지만 재해석은 확장입니다.

부르디외(1930~2002)라는 철학자·사회학자가 있어요. 프랑스 철학자이지만 그 당시 프랑스의 식민 지배를 받던 알제리 노동자들에게 연민을 느꼈던 사람입니다. 그가 쓴 『자본주의의 아비투스』라는 책이 있어요. 자본주의를 전혀 모르던 알제리 사람들이 자본주의에 철저히 적응되어 가는 과정을 이론으로 설명한 책입니다. 그는 계속 궁금했어요. 왜 프랑스의 식민 지배를 받던 알제리 노동자들은 단순한 반란이 아닌 혁명적 성향을 가지지 못하는지요. 그리고 알아냅니다. 그들이 자신들의 미래를 가능성으로 가지지 않았기 때문이죠. 즉, 자본의 아비투스에 스스로 갇혔기 때문이라고 합니다.

아비투스(habitus, 제2의 본성)가 뭐냐고요? 라틴어로 습관인데, 구조화된 구조이자 동시에 구조화하는 구조입니다. 이 아비투스로 사람들은 구별 짓기를 합니다. 부르디외는 사회적 계급 관계를 단순히 경제적 자본 논리로 보지 않고, 더 나아가서 세 가지 자본의 아비투스를 발견합니다. 바로 문화 자본의 아비투스, 학력 자본의 아비투스, 인맥 자본의 아비투스입니다.

이런 설명을 듣다 보니 화가 나지 않나요? 그 학벌이라는 경계선상에 들어간 사람은 소수죠? 그런데 그 경계 밖에 있는 다수는 왜 그 학벌 콤플렉스라는 아비투스에 갇혀야 할까요? 타인의 욕망이라고 생각했던 것들을 지우다 보면 나의 욕망의 흐름이 어디로 향하는지 맥락으로 알 수 있어요. 그러니 아비투스에 그만 갇히고 이제 나오세요.

이렇게 내가 지금 어디쯤 가고 있는지 확인시켜 주고 때로는 방향도 바꾸어 줄 수 있는 게 철학이에요. 계속 사회가 구분해 놓은 이분법적인 생각에 갇히면 여러분만 손해입니다. 그렇게 나에게 주어지는 이분법적이고 중심주의적인 것들을 해체해야 한다고 프랑스의 철학자 데리다(1930~2004)도 외쳤답니다.

안타깝게도 입시에서 장밋빛 미래 같은 건 소수에게게만 해당될 수밖에 없습니다. 간혹 스타 강사들은 그럴 거예요 '지금의 피땀 눈물 나중에 다 보장이 될 거다.'라고요. 이거 사실 위험한 말이에요. 보장 안 되는 사람이 무조건 나오니까요. 입시 장사가 돈이 되려면, 계속 희망을 주어야겠죠.

그래요, 제가 이렇게 글을 쓰는 것도 어쩌면 내 인생 다르게 살려고 하는 것일지도 모르죠. 그런데 글이라도 끼적여야 살아지는 사람들도 있어요. 인간은 자기 증명의 욕구가 있으니까요. 생산하는 연습을 해 보지 않고 사회에 나오면 그야말로 매순간 불안과의 전쟁이에요. 공부하느라 청소년들은 내 글을 한 번도 써 본 적이 없고, 내 의견을 누군가에게 말하는 것도 드물고, 내 생각 같은 것을 고민해 본 적도 없죠.

도대체 지금 내가 하고 있는 생각의 원천이 뭔지 알 수가 없어요. 신자유주의에 걸맞은 입시 교육에서는 약자의 경제학이나 안 보이는 사각지대의 사회학이나 실제 정치학을 가르치지 않지요. 오직 불안을 조성할 뿐 예외에 대한 대처법이나 최악의 상황을 이야기해 주지 않아요. 효율적이고 합리적인 그놈의 '가성비' 타령만 하면 남들보다 손해 보고 느리게 사는 사람이 이상해 보이죠. 그래서 저는 글쓰기를 권하고 싶어요. 뻔해서 실망했나요?

라캉은 언어를 무의식으로 보았습니다. 지금 우리 청소년들은 무의식이 차단되어 있는 경우가 많아요. 언어를 통해서 그 무의식을 드러내야 합니다. 언어로 내 무의식의 빗장을 열고 감정을 배설하세요. 시간이 지나 기억은 희미해졌지만 가슴속에 남아 있는 그 정서를 글로 풀어 버리세요.

고대 그리스 철학자들은 다 일기를 썼어요. 일기 쓰기는 철학 훈련의 일부였어요. 그것을 '후폼네마타(hupomnemata)'라고 부르지요. 고대 철학자 세네카(B.C. 4?~A.D. 65)도 이런 말을 했어요. 인간은 날마다 자신의 영혼에게 스스로 설명을 해야 한다고요. 오늘 내 하루의 행동들을 뒤돌아보고 상기하고 반성할 게 있으면 반성하는 거지요. 혼자 생각하는 힘을 길러야 합니다. 구조적으로 약자라면 더더욱 이런 힘을 길러야 해요. 최소한 주류들이 원하는 방향으로 나를 가두지는 말아요.

힘들 때 로마의 철학자 에픽테토스(55?~135?)의 『담화록』(에픽테토스의 자유와 행복에 이르는 삶의 기술) 같은 책을 읽으면 마음이 갑자기 차분해져요. 자신만의 생각을 기술했거든요. 이처럼 우리 모두 자신만의 글을 써야 합니다. 이런 습관이 익숙해지면 나중에는 책도 쓸 수 있어요!

간절히 바라기만 한다고 다 이루어지지 않아요 ☺

"나는 잘될 거다. 무조건 잘되어야만 한다." 숨막히게 하는 말이에요. 사실 우리가 하는 일은 잘 안 될 수도 있어요. 세상이 얼마나 복잡하고 때로는 잔인한데 어찌 계속 잘되겠어요. '나는 잘될 거다.'에서 조금 벗어나서 모두가 다 같이 웃으며 살 수 있는 방법은 없을까를 고찰할 때, 인간의 사유는 확장되고 삶은 그때 비로소 해방된다고 철학은 알려줘요.

삶의 문법은 다양해요. 꼭 삶이 긍정적이어야 하나요? 그러면 지쳐요. 부정적인 것도 같이 가야지요. 모두가 다 긍정적이면 그게 더 비정상적인 거 아닌가요? 제가 선호하는 철학에서는 무조건적인 긍정을 강요하지 않아요. 불안정한 세계와 싸울 때는 싸우고 때로는 타협하고 수용하는 법을 먼저 가르쳐주지요.

인생에는 '어찌할 수 없는 영역'이 분명 있습니다. 저는 뉴스를 볼 때마다 기분이 롤러코스터가 되어버려요. 저는 오늘 맛있게 저녁 식사를 했는데 이탈리아의 어떤 소녀는 아무 잘못 없이 난민에 의해 로마 광장에서 살해당하기도 하고요, 같은 시각 한국에서는 어릴 때부터 학교 폭력 가해자였던 20대 남성이 그저 사람을 죽여 보고 싶은 호기심에 길가에서 폐지 줍던 작은 체격의 50대 여성을 잔인하게 죽인단 말이죠. 그러고서는 술에 취해 기억이 나질 않는다고 하죠. 어느 기업 회장은 자기 마음에 거슬린다고 퇴사한 직원을 회사로 불러서 폭행을 하고 그 영상을 찍기까지 하죠.

남녀를 떠나서 체력적으로든 구조적으로든 약자는 약자란 말이죠. 그러니 주체적으로라도 강자라고 생각하고 살아야 해요.

그럼에도 불구하고 이렇게 어찌할 수 없는 영역이 있어요. 불운이라는 거 우연히 우리에게 찾아올 수 있거든요.

그런데도 계속 잘 된다고 믿어라? 설득력이 없어 보입니다. 왜 그런 책들 있지요? 우리가 간절히 바라는 것을 우주에 주문만 하면 끌어당김의 법칙에 따라 이루어진다는 그런 책들이요. 『시크릿』이 대표적이지요. 우주에 주문만 하면 다 이루어지는 게 가능한 걸까요? 아래의 글을 읽어 보세요.

> 론다 번의 『시크릿』은 피타고라스까지 거슬러 올라가서 자신의 쓰레기 같은 아이디어에 역사적 정통성을 부여했다. 사실 나는 론다 번이 피타고라스에 대한 책을 한 권이라도 읽었는지 의심스럽다. 만일 읽었더라도, 그녀는 피타고라스의 생각을 위험할 정도로 잘못 이해한 게 분명하다. 우선, 피타고라스는 (그리고 다른 어떤 고대 철학자도) 철학이 우리를 부유하고 영향력 있는 인물로 만들어준다고 주장하지 않았다.[4]

부유하게 해달라고 빌면 이루어진다는 그런 식의 주장을 한 철학자는 제가 알기에 없습니다. 차라리 보조 국사 지눌이 이야기 했듯이 '넘어진 곳에서 다시 일어서야 한다.'가 더 와닿을 수 있어요. 결코 마음만 먹는다고 다 되는 건 아니에요. 현상학에서도 우리가 의식적으로 지각하는 것은 순수하게 우리 마음에 들어오는 것이 아니라 우리의 신체 경험이 전제하고 있다고 보았지요. 생각해 보세요. 지금까지의 나는 그동안 내 경험의 총체이고 내 선택의 결과에요. 내가 직접 그 행위를 해야 하고, 그렇게 해도 이루어질까 말까입니다.

그런 의미에서 정약용(1762~1836)의 철학을 소개해 줄게요. 실천의 철학이지요. 유학을 공격하면 사문난적으로 몰리던 그 시절 정약용은 맹자에 대한 주희의 해석에 딴죽을 걸었어요. 맹자가 그런 말을 했어요. '측은지심.' 즉 우물에 들어가려는 아이를 보고 안타까운 마음이 들었다면 그 마음은 인(仁)이라고요. 그러니까 어진 마음을 가진 사람이라고 말이죠. 그런 맹자의 사상을 주희가 그대로 해석하죠. 내 안에 원래 인(仁)이라는 게 있는데, 아이가 우물에 빠지는 것을 보고 그 마음이 나와서 실현되었다고요.

공자의 중심 사상은 〈논어〉에 있고 〈논어〉의 중심 사상은 인(仁)이다. 주자는 인이란 "사랑의 이치, 마음의 덕"이라 해석하여 인이 이치(理致)임을 설명하고 정자의 성즉리(性卽理)라는 학설과 합해서 인(仁), 의(義), 예(禮), 지(智)가 모두 '마음속에 있는 이치'라고 주장했다.

그러나 다산은 "효제(孝悌)란 인(仁)이다."라는 대전제를 내걸었다. (중략) 즉 인이 이치가 아니라 '행위'인 효제가 이치라고 주장했다. 성리학의 이론을 효제(孝悌)라는 행위의 개념으로 바꾼 다산의 〈논어고금주(論語古今註)〉 40권은 성리학적 사유체계를 근본적으로 바꾼 경학 연구서였다.[5]

그런데 정약용은 측은지심이 나오고 더불어서 아이까지 구해야 그때 비로소 인(仁)이라고 했어요. 그러니까 도와주고 싶은 마음을 아무리 먹어도 실제로 '행위'를 하지 않으면 어진 사람이 아니라는 거죠. 실천의 중요성을 크게 강조한 거죠. 실학자답습니다.

사람이면 동정심은 다 나오죠. 그런데 그 동정심이 발휘되어서 실제 행위를 하는 사람은 드물잖아요. 외면하고 모른 척하잖아요. 말로만 하지 말라는 거지요. 가끔 지하철 영웅들이 언론에 소개되지요? 그 분들 정말 영웅이에요. 두 발로 직접 뛰어들어서 사람을 구했으니까요. 아무나 할 수 없는 영역이지요. 바로 이 점을 정약용도 강조했어요.

철학은 나에게

너는 지금

속고 있다고 한다.

샘, 학교는 왜 다녀야 하는 거예요?
너무 지겨워요.

학교 공부 지겨워요.
질문이 먼저인 공부에 대하여

> 한국 학생들은 미래에 필요하지 않은 지식과 존재하지도
> 않을 직업을 위해 하루 15시간을 낭비하고 있다.
>
> ——— 앨빈 토플러

2007년 한국을 방문한 앨빈 토플러가 한 말이에요. 지금 시대는 시간의 경계, 공간의 경계가 다 허물어지고 있어요. 유통 혁명이기도 하고 그만큼 승자 독식의 시기와 속도도 더 빠른 것 같고요. 그러니까 이럴수록 획일화된 교육 아래에서 계속 웅크리고만 있거나 내가 생각하는 게 세상의 전부라고 속고 있으면 안 됩니다.

샘이 겪었던 것들의 회환을 지금 친구들이 2020년에도 겪고

있는 게 말이 안 된다고 생각합니다. 세상은 너무나 빨리 바뀌는데, 그 옛날 마르크스마저 노동자도 국경이 없어진다고 했는데, 학교와 교육은 너무 느려요. 그러니 우리 친구들이 답답할 수밖에요.

철학자 프롬은 인생의 본질은 질문이라고 말했어요. 지금부터 질문을 해 보세요.

"학교는 왜 네모난 건물이 주를 이루는 것일까? 꽤 긴 시간 동안 효율성이라는 근대 이성 중심주의 때문은 아닐까? 동일한 시간 속에 내 또래 친구들을 몰아넣으면 한 번에 관리하기 쉬우니까? 나는 그러면 그 체제에 순응할 것인가? 아니면 다른 삶을 살 것인가? 현실적으로 순응해야 한다면 해야겠지. 하지만 알고 순응하는 것과 모르고 순응하는 것에는 차이가 있지 않을까?"

계속 질문을 해 보세요. 사람들이 말하는 효율적이고 합리적인 것들이 과연 '나'에게도 적합한 걸까요? 내 삶은 남들보다 조금 아니 아주 더 느린데, 이처럼 비효율적이고 비합리적으로 사는 게 내 속도라면 나에게는 비효율적인 것이 정답 아닐까요?

그 새벽 너의 카톡은

스스로 선택한 공부 😀

> 인간이 어느 정도 일정한 시간 동안 엄밀한 학문을 철저히
> 해 왔다는 것의 가치는 그 성과들을 근거로 하지 않는다. (중
> 략) 그것은 활력, 추진력, 인내력의 강인함을 증대시킨다.[6]
>
> ——— 니체

그 옛날 니체도 말했어요. 학문을 배운다는 것의 가치는 성과
로 평가되지 않는다고 말이죠. 공부라는 것을 하기 전의 나와 그
공부를 한 후의 나는 DNA도 바뀌고, 생각하는 것도 바뀌었고,
인내력이나 강인함도 늘었어요. 단지 아무도 이런 게 늘었다고
이야기해 주지 않아서 모를 뿐이죠.

전문가들은 말해요. 청소년들이 논문, 시사, 독서, 토론 등에
약한 이유는 문맥을 몰라서라고요. 문맥을 이해하려면 실생활과
연관지어야 한다고 말이죠. 문맥을 모르고 본질도 모르고 하는
피상적인 암기는 공부가 될 수 없어요.

저와 상담을 했던 청소년들은 공부를 참으로 힘겨워했어요.
이론과 실제가 결합되지 않았기 때문이죠. 사람들은 자신과 관련
있는 문제를 인지하고 나서야 움직여요. 그냥 엄마가 다니라고
하니까 학원에 다니고, 선생님이 그냥 외우라니까 외우는 식인데

거기서 무슨 동기 부여를 찾을까요. 예를 들어 대부분 수학이 뭐냐고 물으면 대답을 못해요. 수학은 뭐하는 학문일까요? 전문가들은 수학은 패턴의 과학이라고 말해요.

산술과 수 이론은 수들 사이의 관계와 셈의 패턴을 연구하는 분야이고, 기하학은 도형들 사이의 형태의 패턴을 연구하는 분야이다. 미적분학은 운동의 패턴을 다루고, 논리학은 추론의 패턴을 연구한다. 이와 같이 수의 패턴, 모양의 패턴, 움직임 패턴, 유권자의 투표 패턴, 반복되는 우연적 사건들의 패턴 등을 탐구하는 것이 수학이다.[7]

우리 주변에 눈에 보이는 것, 눈에 보이지 않는 가상의 것과 더불어 시간과 공간을 넘어, 인간 정신세계 속에서만 작동하는 실용적이지 않은 모든 것을 대상으로 하는 게 수학이라고 해요. 자, 이렇게 본질을 구체적으로 알면 접근하기 조금은 쉽지 않을까요.

예를 들면 수학을 공부한다고 하면 단원마다 배우는 명제들이 있을 거예요. 대부분 그 명제들의 뜻을 깊이 생각하지 않아요. 그저 원래 이런 게 있나 보다 하고 넘어가죠. 그저 공식만 외우고 문제풀이만 주구장창 풀어요. 이러니 재미가 없을 수밖에요.

집합이라는 것은 뭐고 내가 이걸 왜 배워야 하는지 나 스스로를 납득시키고 공부를 해야 해요. 어색하고 귀찮아도 이 과정이 없이 하는 공부는 힘들 뿐이죠. 미분이란 뭐지? 잘게 쪼개는 것 같은데. 그럼 왜 쪼개지? 무엇을 위해서? 자로는 재기 힘든 울퉁불퉁한 호수의 넓이를 미분으로 파악할 수 있겠구나. 뭐 이런 식으로요.

그럼, 역사란 뭘까요? 기록하는 사람들이 있었으니 내가 지금 배우고 있을 수 있었겠지요. 자, 그럼 누가 기록을 했을까요. 그 시대 글을 쓸 줄 알고 기득권을 대변하는 사람들이었겠지요. 그러면 그 기록은 과연 전부 진짜일까요? 가만, 그러고 보니 내가 맞았다고 믿은 역사 중에 거짓은 없었을까요? 도표만 외우지 말고 스스로 질문도 해 보세요.

사회나 경제를 배운다면 어떤 경제 용어나 제도 등을 주구장창 외워서 답만 쓸 게 아니라, 이 제도는 왜 만들었는지, 그래서 효과는 있었는지 인터넷으로 검색을 해 보는 거예요. 하지만 친구들은 민주주의에 대해 배운다고 하면, 일단 민주주의에 대한 정의와 파생 언어들을 외우고 끝이에요. 철학자들이 말하는 민주주의에 대해서는 4장에서 알려줄게요.

이렇게 지금 내가 사는 사회의 맥락과 학교 공부가 어떻게 이어져 있는지 알지 못하고 시험에 나올 요점만 정리하니 2주만 지나도 까먹는 것이죠. 누군가 '야! 그래서 민주주의가 뭔데?'라고 하면 '글쎄…….' 이렇게 되는 거예요. 그러니 진짜 공부를 하고 싶다면 세상과 나를 연관 짓는 그 과정이 번거롭지만 반드시 필요해요. 처음 접하는 그 낯선 것을 내 것으로 소화하는 건 어른들도 잘 못하는 영역이에요.

영어의 본질은 뭘까요? 본질로 보면 영어는 그냥 한 국가의 언어일 뿐인데 말이죠. 동기 부여를 위해 마르크스가 한 말을 소개할게요. 마르크스는 '자본에는 조국이 없다.'라는 말을 한 적이 있어요. 지금도 적용 가능한 말이죠. 삼성이 한국만의 기업일까요? 오늘날 다국적 기업은 국적이 어디일까요? 더불어 마르크스는 '노동자에게는 조국이 없다.'라는 표현도 했어요. 노동자가 자주성을 가지려면 자본가에게 '잉여 가치'를 창출해 주는 도구로 전락하지 말고 국경을 초월해 대응하자고 재해석할 수 있어요. 이렇게 생각하고 영어를 배우는 것과 그냥 막연히 쓸모가 있겠지 하고 배우는 영어는 다르지 않을까요. 스스로 선택한 공부를 했으면 하는 바람이에요.

나만의 속도로 사세요. 😚

왜 다들 동일한 속도로 뛰라고 할까요? 단체로 성장 프레임에 갇힌 거죠. 오늘 혹시 아무 사고 없이 건강히 배고프지 않고 하루를 잘 보냈나요? 축하합니다. 기적 같은 하루를 보냈네요. 지금 내가 하는 모든 일과 공부, 지금 이 시간, 같이 지내는 좋은 사람들에게 가치를 느끼세요. 지금은 스스로 소멸되고 세상에 안 보인다고 생각하겠지만, 내가 존재하지 않는다고 생각하면 안 됩니다.

일단 불안한 게 당연하다는 것을 인정하는 게 정말 중요해요. 뉴스에서는 인간의 노동은 계속 자동화 기계나 인공 지능에 의해 대체된다고 그러는데, 학교에서는 입학 사정관 제도로 수행 평가마저 경쟁만 시켜대고 사람 간 신뢰는 바닥을 찍은 이 사회에서 어떻게 불안하지 않겠어요. 그렇다고 사회 안정망이 튼튼한 것 같지도 않고 말이죠.

그런데 샘이 안타까운 건 이렇게 두려우면 그 실체를 알고 대응하는 연습, 그러니까 그 넘어진 자리에서 다시 일어나는 연습을 해야 하는데, 그냥 죽으려 한단 말이죠. 친구들 사이에서 조금만 힘든 일이 있어도 흔히 이런 표현들 하죠. '자살 각이다.'라고요. 우리 친구들이 쓰는 말 속에 사회를 구성하는 패러다임이 숨어 있는 거죠. 그리고 그런 언어들을 자주 남용하다 보면 사회적으로 다루어져야 할 담론은 생략하고 결국 허무주의에 빠질 수 있어요.

그러니 지금 쓰는 언어도 나만의 언어로 바꾸어 보는 게 어떨까요? '그럼에도 불구하고 나는 나만의 삶을 살거다!'라는 언어를 쓰세요.

어른들도 필요하면 다시 재교육을 받아야 합니다. 샘의 경우도 철학을 서른에서야 제대로 공부하기 시작했어요. 지금 내가 이리 사는 게 평생 이럴 거라고 정해진 것은 아무것도 없어요.

친구들은 지금 한 번도 안 해 본 생각들과 상상들을 해야 합니다. 로봇과 인공 지능이 하지 못할 일이 무엇일까 계속 생각하고, 그런 공부를 찾아서 해야 하는데, 어쩌면 제가 학교 다니던 때와 그렇게 달라진 게 없는지요. 여전히 획일화된 편견들만 철옹성처럼 있는 겁니다.

샘이 친구들에게는 다소 생소한 마르크스 아저씨를 계속 소개하는 이유에요. 마르크스 아저씨는 가난했어요. 그것도 자식들이 굶어 죽을 만큼 가난했단 말이죠. 자신이 쓴 글들 때문에 자국에서도 추방당하고 여기저기 쫓겨 다니며 살았기 때문이에요. 그런 와중에도 자본에 대한 연구를 죽기 직전까지 했어요. 정말 탐구하고 싶었던 거죠. 진짜 목숨까지 바꿀 만한 강한 집착으로 공부해 본 적 있어요?

샘도 먹고사는 게 바빠서 그런 거 없었어요. 그러다 철학을 끝까지 파고 싶다는 욕구가 든 이후부터는 주구장창 철학 관련 책만 보고 있어요. '정해진 때' 같은 건 없어요. 지금 내가 필요한 공부를 하는 것, 그때가 20대든, 30대든, 나이는 상관없어요. 어른들은 그러죠. 제때 학교에 가서, 제때 회사에 들어가고, 제때 결혼을 해서, 제때 아이를 낳아야 안전하게 사는 거라고요. 그런

그 새벽 너의 카톡은

데 모두가 다 이 속도로 똑같은 패턴으로 살고 있다는 생각 안 들어요?

국영수를 빠른 시간 안에 정해진 정답을 잘 찾는다고 내 삶에 던져지는 고민들, 문제들을 잘 해결할 수 있을까요? 그저 빠른 시간 안에 답을 찾아야 하는 시험은 잘 보겠죠. 그러면 기업들이 사람을 거르는 커트라인 정도는 맞추겠죠. 그리고 스펙 쌓았다고 안심하고요. 그런데 이게 뭐에요. 그렇게 살면 되는 건가요? 우리 친구들은 그렇게 살려고 태어났어요? 정해진 정답만 잘 찾다가 죽는 사람으로요?

남들보다 느리다면 기꺼이 느리게 가세요. 경쟁은 사람을 동물의 왕국에 들어가게 해요. 우리가 무언가의 압박 속에서 참기 위해 이 아름다운 별에 온 건 결코 아닐 거예요. 왜 뛰는지도 모르고 일단 뛰면, 가다가 넘어지거나 갑자기 스스로 멈춰요. 순간 멍해지죠. 나 왜 뛰었지? 그리고 저릿해지고 주저앉게 되죠. 다시 못 일어나는 경우도 있어요. 그 순간, 천천히 걸었던 사람들이 미소를 머금은 채 지나가요. 주저앉은 사람을 추월해 가는 거죠.

샘, 아무리 생각해도
돈이 없으면 아무것도 못해요,
돈이 전부인 건 맞잖아요?

돈이 세상의 전부 아닌가요?

└ 화폐에 대하여

자본주의 사회에 살면서 돈은 당연히 중요합니다. 저는 비현실적으로 '돈이 다가 아니야.' 이런 이야기는 하기 싫어요. 어떤 사람에게는 돈이 전부일 수도 있죠. 만일 지켜 주고 싶은 사람이 사고로 크게 다쳤는데 수술비가 없다면? 내 소중한 아이가 희귀병에 걸렸다면? 돈은 그 사람에게 그때에는 전부가 될 수 있습니다. 그전에 돈이 부족한 사람도 돈 걱정 없이 수술이나 치료를 받을수 있는 사회 안전망이 갖추어진 사회면 얼마나 좋을까요.

돈을 번다는 것은 보통 사람에게는 생계입니다. 이 세상에 태어나 내 밥은 내 손으로 버는 것, 이게 얼마나 위대한 건데요. 내 노동으로 돈이라는 것을 벌어야 나도 지키고, 내가 사랑하는 사람에게 밥도 사줄 수 있으니까요. 친구들 중에는 알바를 해서 학원비나 용돈을 스스로 버는 친구들도 있을 거예요. 이미 어른이

된 겁니다.

마르크스도 생계가 중요하다고 강조했어요. 마르크스는 하부 구조가 상부 구조를 규정한다고 했어요. 하부 구조는 '경제적인 것'이고 상부 구조는 '정치, 문화적인 것'이죠. 즉, 마르크스가 보기에 근본 요인은 경제입니다. 생계는 한 인간에게도 중요하고, 한 가정에도 중요하고, 넓게 보면 국가 안위를 위해서도 중요해요. 역사가 그것을 보여 주죠. 경제적인 것이 약해지고 먹고사는 것이 힘들어지면 사람들은 구원해 줄 누군가를 찾았어요. 그래서 제1차 세계대전 후 전쟁 배상금 갚을 돈이 없었던 가난한 독일 국민들은 히틀러를 지지했죠.

돈에 관한 사고 실험 😷

문제는 '물신주의'에 너무 깊게 빠지는 겁니다. 물신주의는 '돈이면 다 된다.'라는 환상이죠. 속절없이 사라져 버릴 것들의 소유를 행복이라 착각하고 그것을 소유하려 스스로를 죽여 가는 느낌을 친구들의 카톡 글에서 봤어요. 그게 행복일까요? 자, 사고 실험을 하나 해 보죠. 돈으로 안 되는 것은 뭐가 있을까요? 지금 이 글을 읽고 있는 친구들의 자존심 돈으로 팔 수 있나요? 얼마면 되죠? 물신주의에 빠진 사람들은 천만 원이면 자신의 양심과 자존심 다 팔 겁니다. 여러분은 그럴 수 있어요?

그 새벽 너의 카톡은

몇 년 전 뉴스를 보니까 '10억만 주면 죄를 짓고 1년간 감옥에 가겠느냐?'라는 설문에 고등학생 44퍼센트가 감옥에 가겠다고 응답했더군요.[8] 물신주의에 단체로 빠진 겁니다. 무려 44퍼센트나요.

그러면 저는 여기서 더 들어가 다시 사고 실험을 해 보겠습니다. 자, 10억을 받고 감옥을 갔다왔어요. 그런데 그 사이 믿었던 내 지인들이 10억을 들고 해외로 도망갔습니다. 예를 들어 10억을 받자마자 부동산을 샀다고 칩시다. 그리고 나는 감옥에 갔어요. 그런데 지인들이 그 부동산 서류를 조작해서 다시 팔고 그 돈을 들고 도망갔다고요. 다른 예를 들어 볼까요? 그 10억을 받자마자 부모님한테 전부 주고 나는 감옥에 갔어요. 그런데 부모님이 10억을 이상한 곳에 투자하고 사기를 당해 다 날렸어요. 그럼 이런 예는 어때요? 10억을 받자마자 은행에 안전하게 저금만 했어요. 그런데 세계 금융위기가 와서 내가 예금한 은행이 파산했어요. 국가가 간신히 공적 부조해도 못 살린대요. 그럼 이제 어떻게 할까요?

여러분이 착각하는 게 있어요. 화폐라는 것은 타인이 가져갈 수도 있는 '종이'이고 '숫자'입니다. 화폐는 가치를 생산하지 않아요. 더 자세히 말하자면 화폐는 교환 가치만 있겠네요. 사람의 노동이 가치를 생산하는 겁니다. 자, 화폐가 모든 걸 다 가능하게 해준다는 환상에서 벗어나세요. 만일 집에 컴퓨터를 두세 대 놓고 프로그램을 돌리면서 하루 종일 주식이나 비트코인을 사고판다고 칩시다. 수치는 올라가고 화폐는 늘어나지요. 그런데 그게 무슨 가치를 창조했죠? 오히려 다른 사람의 화폐를 뺏었습니다. 그것으로 피해를 본 사람은 자살할 수도 있다고요. 어차피 제로섬 게임이니까요.

은행이 뭐하는 곳일까요? 실제로 은행에서는 예금하는 고객보다, 보험 들고 카드 만들고 대출받으러 온 고객을 더 선호합니다. 예대 마진과 신용 창조로 돌아가는 곳이 은행이니까요. 만일 여러분이 길 가다 돈을 주웠어요. 그러면 '이게 웬 횡재야.' 그러면서 기분 좋죠? 그거 본능이에요. 그런데 '아, 돈 주워서 내 존재 자체가 뿌듯하다.' 이런 기분은 안 들죠. 이것도 본능이에요. 내 손으로 내 힘으로 얻은 돈이 아니니까요. 철학에서는 인간의 노동을 중요한 가치로 생각합니다. 노동을 돈벌이의 수단이라고만 생각하는 그 사고가 문제지, 노동은 아무 잘못이 없어요.

그게 무엇이 되었든 가치를 생산하는 일, 창조하는 노동을 하세요. 첫 시작은 이불 개기입니다. 내 방 내가 청소하고 내가 먹다 남긴 음식 쓰레기나 화장실 머리카락을 스스로 치울 줄 아는게 시작이에요. 그런 분리수거를 직접 하면 환경과 인간의 관점에 대한 시야도 넓어지고요, 공중화장실 깨끗하게 쓸 줄도 알게 되고 청소하시는 분들의 노고를 알게 됩니다.

'사람의 노동이라는 것이 가치를 만드는 거구나.' 깨닫게 됩니다. 저도 고시원에서 알바할 때, 청소하고, 이불 빨래하고 고시원

방 내부에 있는 샤워기 밑 배수구 속 남의 머리카락 치우면서 이런 생각을 했어요. '오늘 내 손으로 한 노동으로 이 방에 새로 올 주인은 기분이 좋아지겠구나.'

엄마가 빨래도 청소도 다 해 주고, 그저 너는 공부만 잘하면 된다는 소리만 듣고 컸으니까 공부하는 사람들은 무슨 고귀한 영역인양 착각한 채, 대학 내 청소하시는 분을 무시하는 거 아닐까요. 그분들이 같은 존엄한 인간으로 안 보이겠죠. 그런 식의 교육은 교육이 아니에요. 노동 가치설은 안 가르치고, 수요와 공급 법칙을 먼저 가르치잖아요. 소설가 카뮈 말대로 영혼 있는 나만의 노동을 하세요.

> 노동을 하지 않으면 삶은 부패한다.
> 그러나 영혼 없는 노동을 하면 삶은 질식되어 죽어간다.
>
> ———— 알베르 카뮈

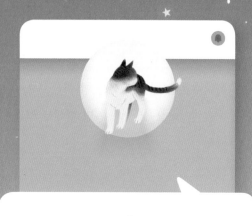

꿈이요?
뭐 하고 싶은 일도 없어요.
그냥 돈 많이 벌고 싶어요.

돈 많이 버는 직업을 갖고 싶어요.

직업의 기준에 대하여

친구들도 4차 산업혁명이란 말 많이 들어봤지요? 샘 같은 30대도 이 세계의 변화 속도를 따라잡기 힘들어요. 우리 친구들에게 알려 주고 싶은 것은 직업에는 한 가지 길만 있는 건 아니라는 겁니다. 마르크스도 그것을 강조했어요. 국경이 없어진다고요. 그리고 변화에 대처할 줄 아는 사람이 되어야 한다고요.

요즘 보면 공유 플랫폼이 활성화되고 있어요. 예전에는 사업을 시작하려면 사업자 등록부터 시작해서 오프라인 매장도 준비하고, 광고나 판촉도 해야 했어요. 홈페이지도 따로 만들어야 했고요. 얼마나 지난한 과정이 많았어요. 그런데 요즘 친구들도 잘 알다시피 모바일과 앱 기반의 플랫폼을 이용해서 수수료만 지불하면 바로 사업을 할 수 있는 시대예요. 그래서 1인 기업가도 많고, 유튜브 같은 플랫폼으로 1인 미디어들도 많지요. 그런데 항상 좋은 것만 있는 건 아니죠. 오히려 유용한 플랫폼을 선점한 기업 간 경쟁은 더 치열해지고 양극화는 심화될 거예요.

철학은 자본주의에서 돈이 어떤 운동 법칙으로 움직이는지는 알려 주지만, 돈을 많이 버는 방법은 알려 주지 않아요. 혹시 돈(화폐)을 많이 벌고 싶다면 재테크 법칙이나 투자 방법 관련 책을 읽으세요. 대신 자본주의가 어떤 흐름으로 돌아가는지 알면, 여러 방법론을 스스로 만들 수 있어요. 지금부터 마르크스가 주장한 방식을 현재에 적용해서 이야기해 볼게요.

사람이 살아가면서 어떠한 변화에 함몰되는 게 아니라 버티는 방법, 더 나아가 그것을 능수능란하게 자신의 삶에 이용할 줄 아는 능력은 저절로 생겨나는 건 아니에요. 계속 의심하고 나에게 질문하는 과정 속에서 또 다른 것들이 생겨나는 거거든요. 그게 저에게는 철학이었어요. 정규직만이 답일까라는 회의, 끊임없이 제 자신에게 질문을 했었어요. 간신히 비정규직에서 정규직으로 전환되어 잘 다니던 회사를 퇴사할 때였어요. 또 다른 가치는 없을까, 다른 방법은 없을까 계속 질문을 해야 답도 얻을 수 있어요. 알고 보니 제가 좋아하는 철학자들은 다 그렇게 살았더라고요.

전문가들은 말해요. 유망 직업은 이제 개인화가 되어가고 있다고요. 똑같은 직업이어도 누구는 사라지고 누구는 다른 무언가와 융합하여 더 잘나갈 수 있지요. 4차 산업혁명이라는 단어 자체도 어차피 사람이 붙인 거예요. 그 인공 지능도 사람이 만든 거예요. 그저 본질만 보자고요. 4차 산업혁명으로 이제는 인공 지능이 의사 대신 수술해 주고, 변호사 대신 법률 자문도 해 주고, 작가 대신 소설도 쓴다고 하지요? 그런데 저라면 인공 지능이 쓴 소설은 별로 읽고 싶지 않을 것 같아요. 여전히 사람의 치료를 원하는 환자들도 존재하고요. 아무리 회계사가 인공 지능에 대체될 직업 상위에 있어도, 그 사람만이 할 수 있는 인문적인 무언가를 찾아서 회계와 접목하면 살아남지 않을까요?

이렇게 여러 잣대로 바라보아야 한 번의 실패에 좌절하는 시간도 절약할 수 있고, 다시 재도전하는 용기도 가질 수 있어요. 마르크스는 자본주의가 발달하고 기계제 대공업이 퍼지면 '전체적으로 발달한 개인'이 등장할 것이라고 했어요. 이른바 '제너럴리스트'죠. 생산 기술이 진보함에 있어서 작업 공정과 내용이 잇달아 변하기 때문에 우리는 그 변화에 대응해야 한다고 말했어요. '이직'에도 적응을 해야 하고 재도전에도 익숙해야 한다고요.

이렇게 변화의 내성을 느끼려면 한 가지 잣대로 직업을 바라보던 그 익숙한 생각에서 벗어나야 해요. 앞으로 청소년들이 주입식으로 배워왔던 것들을 45도 각도에서 다시 자각할 기회를 갖자는 것이죠. 학생 입장에서 예를 들면, 만일 자퇴를 했다면 타인의 잣대나 낙인에 주저앉지 말고 다시 새로운 공부를 하고 다시 새로운 일을 할 수 있는 사람이 되어 보자는 거예요.

다르게 사는 것을 욕망하자. 😟

> 노동자의 즐거움이 늘어났음에도 불구하고, 그것이 주는
> 사회적 만족도는 노동자는 얻기 어려운 자본가의 즐거움
> 의 증대에 비하면, 또 일반적으로 사회의 발전 수준에 비
> 하면 저하되었다. 우리의 욕망이나 즐거움은 사회에 그 근
> 원을 두고 있다. 따라서 우리는 사회를 기준으로 그것들을
> 판단한다.[9]

　마르크스는 사회의 기준에서 사회가 주는 만족도로는 절대 만
족하는 삶을 살기 어렵다고 말해요. 새벽에 그토록 우리 친구들
이 죽고 싶다고 외쳤던 그 이면에는 친구 스스로의 욕망이나 즐
거움대로 살아가지 못한 좌절감이 깔려 있었던 것이죠.
　샘이 철학자들의 언어를 빌려서 생각하기에 욕망은 크게 두
가지로 나눌 수 있어요. 바로 체제 안의 욕망과 체제 밖의 욕망이
죠. 체제 안에서의 욕망은 주로 인정 욕망이에요. 가족에게, 친구
에게, 선생님에게 아니면 대중에게 인정받고 싶지요. 유명해지고
싶고, 돈도 많이 벌고 싶고, 존경받고 싶은 것도 다 그 근저에는
타인에게 인정받고 싶은 욕망이 깔려 있기 때문이에요.

라캉은 이것을 상징계 질서 속 '인정 투쟁'이라고 했지요. 라캉 본인 역시 의사로서, 정신분석학계에서 학자로서 누구보다 인정받기를 원했어요. 하지만 세미나를 열어도 인정받지 못하고 자신이 만든 학회에서 퇴출되는 등 계속 미끄러지죠. 그러다 문득 사람이 추구하는 욕망이 꼭 인정 욕망뿐일까라는 의심을 하게 돼요. 그리고 인정 투쟁 밖의 순수한 욕망도 있다는 것을 깨닫게 됩니다. 세계대전이 끝난 후 영국으로 갔는데 전쟁 중 폐허 속에 모든 것을 다 잃어버려도 다시 웃는 사람들의 알 수 없는 생의 의지를 본 것이죠.

라캉은 그것을 '실재계'라고 불렀어요. 우리는 태어나 내 이름을 부여받고 타자의 욕망을 나의 욕망이라 여기며 끊임없는 인정 투쟁을 하다가 해탈하면 실재계로 가는 겁니다. 순수한 내 욕망으로 살아가는 거지요. 남들과 다르게 사는 것을 욕망하고 타자의 욕망에 따르는 삶이 아니라 누가 뭐라 하든 내가 정한 나만의 이유로 살아가는 것을 욕망할 수 있는 것이지요.

남에게 인정받으려 애쓰지 않을 때 오히려 해방이 와요. 그러다 보면 타인의 잣대로 나 자신을 원망하지 않게 되지요. 니체도 시대가 부여한 가치와 다르게 살 욕망을 긍정하라고 했어요. 그래서 철학에서 욕망은 선악이 없어요. 들뢰즈(1925~1995)는 여기서 더 나아가 욕망은 결핍에서 오는 부정적인 것이 아니라 오히려 뭔가를 생산해 내는 긍정적 힘이라고 보았습니다. 내 무의식

안에 있는 욕망을 긍정적으로 욕망하세요. 남들 따라서 돈을 많이 벌 수 있는 직업을 찾는 그런 욕망 말고, 나는 나로서 살겠다는 욕망이 바로 긍정적 욕망입니다.

마르크스가 말하는 월급의 비밀 😶

지금부터 마르크스가 밝힌 '월급'이란 무엇인가에 대해서 설명할게요. 여러분들이 학교를 졸업하고 취직해서 받게 될 월급 말이죠. 먼저 질문 하나 할게요. 자본주의가 이전 시대와 다른 점이 무엇일까요? 자본주의 이전 시대에도 물건을 거래하는 시장이 있었고 화폐도 있었어요. 하지만 자본주의가 이전 시대와 다른 것은 처음부터 '이윤'을 목적으로 모든 것을 상품으로 만든다는 점입니다. 예전 봉건주의 수공업자들은 자신들이 소비를 하려고 상품을 만들 뿐이었어요. 하지만 자본주의는 계속 이윤을 추구하면서 자본을 확대하고 재생산해야 하는 구조입니다. 그래서 사람의 노동조차 노동력이라는 상품이 되어 자본가에게 팔려야 합니다. 이처럼 자본주의 사회에서 여러분의 노동력은 상품이 됩니다. 마르크스가 볼 때 그 노동력이라는 상품의 가치를 결정하는 것은 바로 '사회 평균적으로 측정되고 필요한 노동 시간'입니다.

그러니까 쉽게 말해서 친구들이 받는 월급의 가치는 오직 내 실력으로만 결정되는 것이 아니라 사회 평균적인 노동 시간으로 결정되는 겁니다. 바로 사고 실험을 해 볼게요. 여러분이 졸업하고 회사에 취직을 했어요. 들어갔더니 동기가 10명이에요. 그런데 10명 각자의 실력은 다 달라요. 누구는 업무 실력이 뛰어난데 누구는 그렇지 못할 수 있어요. 그런데 초봉은 다 같지요. 그리고 아무리 그 팀 내에서 유능한 친구여도 입사한지 얼마 안 되서 바로 월급 인상을 요구하기는 힘들 겁니다. 그리고 오래 다니고 유능한 분이어도 갑자기 자녀 교육비나, 이사를 가야 한다는 이유로 목돈이 필요해도 당장 월급을 인상해 주지는 않지요. 사회적으로 필요한 노동 시간이라는 게 있으니까요.

노동의 가격은 생산비에 의해 즉, 이 노동력이라는 상품을 생산하는 데 필요한 노동 시간에 의해 결정될 것이다. 그렇다면 노동력의 생산비란 무엇인가?
그것은 노동자를 노동자로 유지시키기 위해, 또 노동자를 노동자로 길러 내는 데 필요한 비용이다. 따라서 어떤 노동이 필요로 하는 훈련 기간이 짧으면 짧을수록 그 노동자의 생산비는 점점 더 적어지고, 그의 노동 가격, 즉 그의 임금도 그만큼 낮다.[10]

——— 마르크스

위의 글을 자세히 읽어 보세요. 마르크스는 노동의 가격(월급)은 노동자를 노동자로 길러 내는 데 필요한 비용이라고 말합니다. 이게 무슨 말일까요? 만일 의사라고 하면 의사로 길러지는 데 필요한 비용이 있겠지요? 회사원이라면 회사원으로 길러지는 데 필요한 비용이 있겠지요?

쉽게 말해서 노동의 가격에는 '사회 평균'이 고려되어 있다는 거예요. 즉 월급의 크기는 사회 일반적으로 드는 평균 시간과 평균 노동력으로 정해지지요. 여기서 중요한 것은 '사회 일반적'으로라는 표현이에요. 제 아무리 그 상품에 수많은 노동과 시간이 투여되었더라도 사회 평균적이 아니면 인정을 못 받기에 상품이 될 수 없어요. 잘 생각해 보면 여러분이 학교 공부를 그렇게 열심히 했던 이유도 "사회 일반적으로 인식되는 '필요량'을 오늘도 채우고 있는 것이었다."고 마르크스는 역으로 이야기해 주고 있는 것이지요.

자본주의에서 나란 인간이 회사 자본가들에게 노동력 상품 취급이나 받는 것 같아서 속상한가요? 마르크스는 그저 나를 둘러싼 이 세계(자본주의)의 운동 흐름을 알려 주는 것뿐이에요. 알고 사는 것과 모르고 사는 것은 다르니까요. 자본주의 사회에서 회사는 나에게 '그 일을 하기에 필요한 지식과 경험을 쌓는 데 들었던 비용'과 '오늘 수고했으니 푹 쉬고 내일 나와 일하라고 주는 체력 유지 비용의 합'[11]만을 줘요. 그러니까 잘 생각해 보세요.

'오케이. 그렇다면 나는 기꺼이 그 길에서 최고가 되겠다! 도달하기 힘든 공부나 학위 등 시간과 수고가 많이 드는 길을 가서 내 몸값(월급)을 높이고 살겠다.' 이런 식으로 다짐을 해도 되고 아니면 다른 식으로 접근할 수도 있겠죠. '세상이 그렇게 돌아간다면 오히려 나는 남들이 하기 어려운 일을 하거나 남들과 다른 길을 가서 아예 월급쟁이에서 벗어나는 삶을 살겠다. 내 예술을 하고 나만의 창조를 할 거다.'라는 식으로 접근을 할 수도 있겠죠. 또 다른 접근도 가능해요. '그래, 나는 최소한의 비용으로 살아도 된다. 소비를 줄이면 되지. 대신 나만의 시간을 확보하자.'

니콜라스가 말하는 직업에 대하여 😊

여러분 '나심 니콜라스 탈레브(1960~)'라는 사람 들어 봤나요? 영국 〈타임스〉에서 그를 이렇게 평가했어요. 세상에서 가장 위대한 사상가라고요. 제가 볼 때 니콜라스는 철학자에요. 철학자 들뢰즈도 이야기했듯이 철학은 개념을 만드는 거예요. 니콜라스가 만든 개념은 21세기 현재 우리에게 많은 도움이 되고 있어요. 그는 '블랙 스완'과 '안티프래질'이라는 개념을 만들었어요. '블랙 스완'이란 엄청난 결과를 초래하는 대형 사건을 뜻해요. 예측도 불가능하고 불규칙적으로 일어나지요. 그리고 '안티프래질'은 부서지기 쉬움(fragile)의 반대적인 것이에요. 그렇다고 강인함, 단단

함 같은 뜻도 아니죠. 니콜라스가 말하는 안티프래질은 '부주의
하게 취급하시오.'라고 써 붙여진 우편물 같은 것이에요. 그는 니
체의 사상에서 안티프래질을 생각해 냈어요. 니체도 위험하게 살
라고 했거든요. 그러면 그가 말하는 '안티프래질한' 직업에 대해
읽어볼까요?

우리는 무작위성이란 위험한 것이고, 나쁜 것이기 때문에
제거해야 한다는 잘못된 믿음을 갖고 산다. 장인, 택시 운
전사, 목수, 배관공, 재단사는 소득이 일정하지 않다. 그러
나 소득을 제로로 만들어버리는 크지 않은 블랙 스완(불확
실성) 앞에서 허무하게 무너지지는 않는다. 그들은 오히려
위험요소를 뚜렷하게 볼 수 있다.

그러나 안정적인 회사원은 그렇지 못하다. 그들은 인사팀
이 주는 전화 한 통에 소득이 제로가 되는 끔찍한 상황을
경험할 수 있다. 회사원에게는 위험이 숨어 있다. 그러니
기능을 보유한 사람들은 무작위성 덕분에 일정 수준의 안
티프래질을 지니고 있다. 작은 변화는 그들에게 적응을 요
구하고, 주변 환경으로부터 배워서 끊임없이 변화하라고
압박한다. 스트레스는 정보라는 사실을 기억하자.[12]

　우리 친구들 세상이 복잡하고 무섭고 두렵지요? 하지만 니콜라스는 역으로 시스템이 갖는 무작위성을 더 많이 인식할수록, 블랙 스완(불확실성이 주는 위험)이 출현할 가능성이 낮다고 이야기하고 있어요. 그러니 복잡한 세계가 주는 불안감을 오히려 안고 당당히 나아가세요.

샘, 돈이 없는 지금이 너무 싫어요.
돈만 생기면 완전 펑펑 쓸 거예요.

돈 펑펑 쓰고 싶어요.
소비와 세금에 대하여

샘이 철학은 사고 실험이라고 했지요. 지금부터 소비에 대해 다른 시각을 이야기해 줄게요. 소비는 기업에게만 화폐를 주는 게 아닙니다. 국가에게도 화폐를 주지요. 나중에 여러분이 직장에 들어가 돈을 모아 차를 한 대 샀다고 상상해 보세요. 그러면 사는 즉시 특별소비세, 취득세, 등록세, 교육세, 국가 채권까지 강제로 사야 합니다. 그걸 다 내야 비로소 차를 도로로 끌고 다닐수 있어요. 자, 그 후 자동차세와 그리고 그 자동차세 옆에 붙어있는 교육세를 또 내야 합니다. 아 참, 교통세도 내야 합니다. 이래저래 국세청에서 고지서가 참 많이도 올 겁니다. 자, 이제 끝이라고요? 아니요. 기름 넣어야 합니다. 그 기름값 절반 이상이 세금입니다. 자, 이제 고속도로로 가요. 톨게이트에서 붙잡습니다. 주행세 내라고요.[13]

이렇게 생각해 보니 어때요? 시민으로서 자동차 한 대 몰면서 세금을 참 많이 내고 있단 생각이 들지요. 우리 같은 사람도 이렇게 세금을 잘 내는데 재벌들은 더 잘 내야 하는 거 아니겠습니까. 하지만 현실은 아니죠. 제가 세법학에서 상속세 배울 때 너무 힘들었어요. 우리나라 재벌들이 상속세 회피하려고 온갖 수단과 방법을 동원하는 바람에 개정이 너무 많이 이루어지고, 법체계가 복잡해졌거든요. 그 덕에 공부할 양이 어마어마했지요.

미래학자들이 계속 강조하는 게 바로 공유 경제입니다. 그래서 저는 차도 공유하려고요. 장거리 이동 시 필요할 때만 공유하면서 쓸 생각입니다. 소유하고 싶은 마음 자체가 없어요. 여러분이 잘 알고 있는 소크라테스도 이런 말을 했습니다. 필요로 하는 것이 가장 적은 사람이고 싶다고요.

보드리야르(1929~2007)

프랑스 철학자. 사회학자. 상품을 소비하는 것이 어떻게 자본주의
를 더욱 견고하게 해주는 것인지 밝힌 철학자. 산업자본주의의 잉
여가치를 계속 재생산해 내기 위해서는 사람들로 하여금 계속 상
품을 소비하게 부추겨야 할 수밖에 없다는 사실을 상징의 논리와
기호의 논리로 폭로한 사람. 보드리야르의 책을 읽다 보면 마케팅
에 덜 속게 되지 않을까? 저서로는 『소비의 사회』, 『시뮬라시옹』
등이 있다.

철학은 나에게 너는 지금 속고 있다고 한다.

샘, 회사원 되려고 태어난 걸까요?
회사원이 되는 것이 정답일까요?

회사원이 되는 게 정답인가요?

학교에서 여러분이 배우는 것은 대개 사회가 원하는 것이에요. 근면성, 성실성, 사회성을 갖춘 사회의 일꾼이 되는 것을 바라고, 그렇게 길들여지는 연습을 하는 중이죠. 정해진 룰에 얼마나 적응을 잘하느냐로 평가를 받으면서요.

그 누구도 '프리랜서가 되어라', '너만의 속도로 살 직업을 찾아라.' 같은 소리를 하지 않아요. 입시에 맞는 책 위주로 읽어야지 자극적인 소설책만 읽으면 돈이 나오니 쌀이 나오니 소리나 듣죠. '실패하면 다시 일어나기 힘든 사회이니 무조건 안정적인 길부터 가라.'라는 말을 하기 전에 실패해도 다시 일어설 수 있는 환경을 어른들이 만들어 주는 게 먼저 아닐까요?

사람들은 흔히 자신의 월급은 자신의 능력만큼 받는다고 착각해요. 신자유주의 관점에서 경제학을 배웠기 때문이죠. 다시 강조하지만, 마르크스 관점으로 보자면 노동자가 받는 월급은 그 노동자가 살아가는 데 필요한 최소한의 액수예요. 월급을 많이 받는다는 건 그 일을 하는 데 드는 최소한의 비용이 많이 든다는 소리죠. 이해를 돕기 위해 예를 들어 볼게요.

영화나 드라마에서 많이 나오는 '사'자 들어가는 직업들, 그 직업들이 연봉이 높은 건 그 일이 다른 직업보다 숭고하고 더 대단해서가 아니라 그 일을 하기까지 준비했던 시간이 길었고 돈이 많이 들었기 때문이에요. 그리고 지금도 연봉이 높은 일들은 그만큼 그 일을 할 때 들어가는 나의 시간과 노력을 바쳐야 해요. 사는 게 사는 게 아닐지라도 말이죠. 연봉 1억을 버는 사람은 그만큼 자기 삶이 없어요. 죽기 살기로 일해야 하니까요. 쉽게 말하면 연봉 1억 원짜리 일을 계속하려면 필요 경비가 그만큼 더 많이 든다는 소리죠. 그 필요 경비라는 건 나의 스트레스, 건강, 시간이 다 포함한 것이에요.

그러니 월급에 의존하는 삶에서 벗어나야 하지 않을까요? 그러나 학교는 개인의 성공이 곧 최고 연봉으로 귀결된다는 환상을 심어 주죠. 그거는 소수에게나 해당하는 이야기이건만 다수에게 적용해요.

저는 청소년들에게 이런 사실을 먼저 알려 주고 직업 선택을 하게 해야 한다고 생각해요. 고소득 전문직 직업은 고상하고 우아하며 폼 나는 직업으로만 매스컴에서 비춰지고, 어른들은 직업에는 귀천이 있다고 은연중에 표현하죠. 지금 공부를 안 하면 상류층으로 가는 티켓을 스스로 걷어차는 것이란 식으로 학생들을 다그친다고요.

그저 자기가 태어난 대로 살고 싶은 사람도 있고, 사회가 요구하는 월급으로 사는 대신 나만의 월급으로 느리게 살고 싶은 친구들도 있을 수 있어요. 이 사회가 원하는 능력이 부족할 수도 있고, 건강이 안 좋을 수도 있어요. 이런 체계에 질려버려 정신과에 다녀야 하는 친구들도 있다고요. 이런 친구들을 왜 사회 부적응자라고 불러야 할까요?

애초부터 노동의 의미를 제대로 알려 주지 않고 주류에 속하지 못한 노동을 비하하고 공포심만 조성하면서 말이죠. 철학에서는 정상과 비정상을 구분하지 않습니다. 정상적인 담론과 비정상적인 담론만 존재할 뿐이지요. 이 담론 역시 시대에 따라 달라집니다. 그러니 시대가 비정상이라고 하는 담론에 넘어지지만 않으면 됩니다.

물론 세상이 주류라 부르는 직업이 어떤 사람에게는 천직이 될 수 있고, 그 목표를 세워 달려가는 친구들은 당연히 존중해요. 그러나 삶의 길이 꼭 위쪽에만 있는 것도 아니고, 오른쪽으로만 달릴 필요는 더욱이 없다는 것을 말하고 싶어요. 왼쪽으로도 달리고 때로는 아래로 달리기도 하는 게 인생이니까요.

저 역시 '한 개인이 직업을 선택한다는 것의 의미'를 제대로 배우지 못했어요. 그저 한쪽으로 치우쳐진 틀 속에서 발버둥쳤죠. 프랑스어가 좋아서 불문과에 갔지만 사회가 주는 두려움에 이끌려 행정학과로 전과했어요. 제발 안정된 직업을 가지라는 주변 성화에 공무원 시험이나 세무사 시험에 도전했지만 저는 시험을 잘 보는 유형의 인간이 아니었어요. 인정할 건 인정하고 돈이나 벌자며 들어간 회사에서도 방황은 끝이 없었죠. 20대 내내 나와 맞지 않는 옷을 입고 있었던 셈이죠.

주변을 천천히 둘러보세요. 앞만 달리다가 과로사한 고액 연봉자들, 뒤늦게 자신만의 신념으로 잘나가는 아이돌 그룹에서 나오는 사람들, 어렵게 취업한 대기업을 박차고 나오는 사람들, 미친듯이 공부해서 들어간 명문대를 자퇴하는 사람들이 있어요. 그들이 왜 그런 선택을 했는지 인터뷰나 글들을 찾아서 읽어 보세요. 이쯤에서 다시 마르크스가 한 이야기를 들려 줄게요.

마르크스를 공부하면서 얻은 해방감 😊

제 철학 공부의 시작은 마르크스였습니다. 저는 늘 자본주의가 폭력이라고 느꼈어요. 돈 벌 재간도 능력도 없이, 자본가들에게 팔릴 만한 공부도 못하는 나란 존재가 왜 자본주의 세상에 태어나서 이 고생을 하고 살아야 하나 늘 궁금했거든요. 다른 세계는 보이지도 않았었어요. 그래서 샘도 죽기 전에 알고 싶었어요.

"그래, 자본주의가 뭐고 자본주의가 돌아가는 경제 원리는 뭐고 자본의 역사는 뭔지 찾아보자!" 그것들을 공부하다 보니 어느 순간 해방을 느끼게 되었습니다.

어떤 해방을 느꼈냐고요? 샘이 판단한 마르크스 철학의 핵심은 '노동 소외'입니다. 노동 소외란 말 그대로 내가 한 노동의 과정과 결과물에서 소외되는 것을 말합니다. 과거에 사적 생산과 사적 소유가 가능했던 봉건사회에서 구두 장인들은 처음부터 끝까지 모든 노동을 혼자 다 하고 결과물도 온전히 가졌습니다. 하지만 끊임없이 잉여 가치를 창출해 자본을 확대, 재생산해야 하는 자본주의에서는 분업이 필수입니다. 그로 인해 우리는 쪼개 졌죠. 간혹 어른들을 보세요. 회사에서는 주어진 일만 하고, 막상 회사를 나오면 할 줄 아는 게 없는 것 같아 불안해하는 모습을 본 적 있을 겁니다.

이렇게 자본주의 사회에서는 사람의 노동력도 상품이 됩니다. 그런데 우리는 생산 수단이 없어요. 회사 차릴 자본이 있나요? 기계나 공장이 있나요? 그러니 우리는 노동력이라는 상품을 자본가에게 팔기 위해 마르크스 표현대로라면 '목숨을 건 도약'을 합니다. 취업이 잘되는 공부, 돈이 되는 공부, 내 노동력이 잘 팔리는 공부만 하죠.

그렇게 우리의 노동력을 산 자본가는 생산 과정에서 노동자의 초과 노동 시간을 잉여 가치로 가져갑니다. 이것은 지극히 자연스러워요. 자본가가 인격적으로 악인이라서가 아니고 구조적으로 그렇습니다. 마르크스는 그것을 찾아냈어요. 자본가의 이윤이 유통이 아닌, 생산 과정의 잉여 가치로 발생한다는 사실을요.

결론적으로 노동자들은 자신이 가진 노동력 이상의 가치를 만들어 회사에 주지만 월급으로 다 가져가지 못해요. 왜냐고요? 우리는 생산 수단이 없고, 월급은 '사회 평균적으로 계산된 노동 시간'만큼만 주기 때문이죠. 노동자들은 이 과정을 모르고 익숙하게 받아들여요. 배운 적이 없으니까요.

자본주의가 폭력이라 생각했던 저에게, 너의 생각이 맞았다며 노동 소외 이전의 삶까지 알려준 사람이 마르크스였어요. 샘의 힘든 회사 생활이 노동 소외 때문이었고, 그걸 구조적인 관점에서 해석하니 그것만으로도 해방이었어요.

자, 이런 글을 읽으니 어떠세요? 왜 우리가 생산적 삶을 살아야 할지에 대한 이유를 가슴으로 느끼게 될 거예요. 마르크스는 노동을 하고 번 돈을 '소비'하면서 사는 삶이 아니라, 노동을 하고 번 돈으로 어떻게 하면 나만의 '생산'을 할 것인지에 대한 고민이 필요하다고 이야기해요. 왜냐하면 노동 과정에서 자연스럽게 '노동 소외'가 발생하기 때문이지요.

그러니 나중에 우리 친구들이 알바를 하더라도 '생산'에 대한 개념을 가지고 일을 해 보길 바랍니다. 예를 들어, 알바해서 번 돈을 소비로 다 쓰는 게 아니라, 책을 사서 읽고 나만의 글을 쓰거나, 여러 예술을 접하고 일하느라 사라졌던 내 감정을 다시 꺼내는 거예요. 목공을 배우고 꽃을 키우는 등 여러 생산적인 활동을 해 보는 것이죠.

노동할 수 있는 능력 외에는 아무것도 갖고 있지 않은 한 계급이 존재해야 하는 것이 자본의 필수적인 한 가지 전제조건이다. (중략) 자본은 축적된 노동이 새로운 생산을 위한 수단으로서 살아 있는 노동에 이바지하는 데 있지 않고, 살아 있는 노동이 그 교환 가치를 유지하고 증대시키는 수단으로서 축적된 노동에 이바지하고 있다.
자본가와 임금 노동자 사이의 교환에서는 어떤 일이 일어날까?
노동자는 그의 노동력의 대가로 생활 수단을 받지만, 자본가는 그의 생활 수단의 대가로 노동을, 노동자의 생산적 활동을, 창조력을 받는다. 노동자는 그 노동, 생산적 활동, 창조력으로 그가 소모하는 것을 보전시켜 줄 뿐만 아니라 축적된 노동에 그것이 전에 갖고 있었던 것보다 더 큰 가치를 제공한다.'14

자, 다시 마르크스 식으로 거꾸로 생각해 보자고요. 친구들은 한 달 노동한 대가로 한 달 치 생활비(생활 수단)만을 받았어요. 하지만 회사는 친구들이 열심히 일해 준 덕에 친구들의 '노동'과 '생산적 활동'과 '창조력'까지 받았어요. 친구들은 회사에 일을 하면서 받은 것보다 더 큰 가치를 제공한 것이죠. 친구들은 생산 수단이 없고 회사는 생산 수단이 있으니까요. 그러니 만일 제때 월급을 못 받거나 최저 임금에도 미달해서 받는다면 당당히 요구하거나 고용노동부에 신고를 하세요.

새벽 시간에 급여 관련 상담 문자가 많이 와요. 그때는 어서 문제를 해결해 줘야 하기에 신고에만 연계하기에 급했었는데, 이런 마르크스 관점에서 이야기도 하고 싶어서 이렇게 쓴답니다.

직업과 시간에 대하여 😊

직업을 고를 때는 남의 시선이나 사회적 잣대는 마지막 순위로 두어야 해요. 이것만 기억하세요. 남들은 나 대신 일해 주지 않아요. 무엇보다 무슨 일을 하려고 할 때 고려해야 할 것은 '눈에 보이지 않는 것'에 있어요. 바로 '시간'이죠.

예전 영업 일을 하던 시절 저의 하루를 이야기해 볼게요. 부천에서 강남까지 왕복 4시간 남짓한 출퇴근 생활을 했었어요. 아침 8시에 오전 회의가 있는데 출근은 7시 30분까지 해야 해요. 아무리 그 전날 야근을 하고 회식을 했어도 절대 지각을 해서는 안 되거든요. 오히려 팀장급 이상 분들이 더 칼같이 회사에 나왔어요. 근면성이 조직의 충성심을 대변하는 길이니까요.

그렇게 출근을 하고 기본 업무 시간 8시간을 거치면 야근 4시간이 기다리고 있었어요. 평균 밤 10시에 보통 제 업무는 끝났으니까요. 영업직이라 외근이 잦았고 거래처와 거래처 이동하다 보면 밤 10시는 금방 와요. 그러면 거기서 끝일까요? 절대 아니죠. 영업직이라 거래처와의 회식도 있고, 그 조직 특유의 화합하는 분위기 때문에 매일 끌려가듯이 동료끼리도 회식을 했었어요.

그렇게 끌려간 회식은 새벽 1시가 되어야 끝났어요. 솔직히 새벽 1시면 빨리 끝나는 편이에요. 밤을 새는 경우가 더 많았죠. 그리고 택시비가 아까워서 아예 근처 찜질방에 가는 게 일상이었어요. 이런 식의 회식은 평균 주 2~3회였죠. 그런데 동료 중에서도 이런 걸 좋아하는 분들도 계세요. 저는 안 맞았지만요.

자, 어떠세요? 저의 하루가요. 이제 눈치 채셨나요? 그때의 저는 하루 24시간 중 20시간을 팔고 생계를 유지했어요. 그러면 영업이니 돈이라도 많이 받았냐고요? 전혀 아니었어요. 200만 원 조금 넘었죠. 이유는 실적이 별로여서요.

그나마 그 월급은 들어오는 즉시 회식비와 거래처 선물, 심야 택시비로 모두 날아갔어요. 더군다나 주변 동기들은 본인 시간을 뺏기니 알 수 없는 삶의 불만족을 소비로 채웠어요. 영업하는 사람들이라 차를 비싼 거로 바꾸거나, 옷을 계속 사 입었죠. 거래처에 잘 보여야 하니까요. 참고로 저는 그때나 지금이나 걸어 다녀요. 이유는 하나죠. 20시간 바치고 번 돈을 소비로 날리기 싫었어요. 제 마지막 자존심이라고나 할까요.

그 이후 저는 제 시간을 지키고자 부단히 애썼어요. 영업을 그만두고 일반 영리 회사, 비영리 회사 등으로 이직했어요. 다행히 영업할 때보다는 시간을 지킬 수 있었어요. 오후 6시에 퇴근도 가능했으니 말이죠. 하지만 주말 빼고는 평일 오후에는 지쳐서 잠들기 일쑤였어요. 제가 쓸 수 있는 하루의 에너지는 한정되어 있으니 고갈되면 잠을 잘 수밖에요. 어느 기업이나 일이 많은 건 마찬가지였어요. 애초에 돈을 버는 유형의 인간이 아님을 깨닫고 뒤늦게 시작한 공부가 사회복지 공부였어요. 사회복지 분야 업무는 박봉이지만 나만의 가치를 추구하고 싶어서 선택했죠. 돈을 포기하고 가치를 선택했지만 그럼에도 시간의 갈증은 남아 있었죠.

사회복지 업무여도 조직을 벗어나 나의 가치를 실현하는 동시에 내 시간도 확보하고 싶었어요. 프리랜서로 살거나 시간제 직업을 찾게 되었고 지금에 이르렀죠. 비록 현재 비정규직이고 시간제여도 현재의 저는 하루 24시간 중 4시간만 일해요. 새벽 시간 4시간 청소년 상담을 하죠. 24시간 중 20시간은 온전히 제 시간이에요. 그래도 비정규직법이 있으니, 제가 상담을 제대로 못하거나 다른 이유로 회사가 나가라면 나가야겠죠. 그러면 저는 또 다른 일을 찾게 되겠지요. 이런 제 삶을 지금 사회의 기준으로

는 불안정한 삶이라 규정짓더라고요.

제가 굳이 여러분이 모르는 제 이야기를 하는 이유는 이런 사람도 있다는 걸 알려 주기 위해서입니다. 돈과 안정 모두를 갖지 못한 사람들에게 그래도 괜찮다고 말하는 저만의 방법입니다. 그리고 앞부분에서 사상가 나콜라스가 주장하는 것처럼 저는 '안티 프래질'한 삶을 살고 있는 건지도 모르겠네요.

돈과 안정을 버리고 나만의 가치 추구와 시간을 확보해도 됩니다. 돈과 안정을 버리면서 소비도 버리면 되니까요. 어떠세요? 직업을 선택한다는 의미는 내 인생의 삼분의 일 이상의 시간을 생계(돈), 추구하는 가치와 바꾼다는 이야기죠. 내가 진짜 미소를 머금을 수 있는 가치에 내 시간을 거세요.

그 새벽 너의 카톡은

철학은 내가
　　인간이었음을
　　다시 알려 준다.

원래 인간은 이기적이에요…….
샘은 그냥 상담사니까 가식적으로라도
공감해 주는 척할 뿐이지,
속으로는 절 한심하게 생각할 거잖아요.

인간은 원래 이기적이에요.

환경 속 인간에 관하여

사람들이 누구나 다 아는 건데 잘 잊어버리는 명제가 있어요. 바로 사람은 존엄하다는 것입니다. 이것을 매번 잊고 삽니다. 헌법에도 나와 있어요. "헌법 제2장 제10조. 사람은 인간으로서 존엄과 가치를 가지며, 행복을 추구할 권리를 가진다. 국가는 개인이 가지는 불가침의 기본적 인권을 확인하고 보장할 의무를 진다."

그런데 이 기본적인 명제를 매일 잊고 살아갑니다. 자신을 둘러싼 환경이나 구조 속에서요. 이 사회는 복잡합니다. 예측 불가능하고요. 아직도 차별이 만연합니다. 획일화된 편견은 계속 존재하고요. 기울어진 운동장 역시 곳곳에 있습니다. 결과를 논하기 전에 출발의 기회는 공정했느냐의 논의는 아직도 하기 어렵지요. 그래서 친구들이 그 새벽에 문자로 물어봅니다. 인간은 원래 이기적인 존재냐고요.

이럴 때 저는 철학에 기대요. 철학자 마르크스는 이런 말을 했어요. '존재가 의식을 규정한다.'고요. 자본주의라는 '존재'가, 경쟁 체제라는 '존재'가, 신자유주의라는 '존재'가 나는 패배자라는 '의식'을, 해도 안 될 거라는 그 허무주의 '의식'을, 돈이면 다 된다는 물신주의라는 '의식'을 형성한다고요. 바로 우리를 둘러싼 그 존재가요.

제가 마르크스 이론에서 가장 좋았던 점은 어떠한 특정한 인간관으로 사람을 고정시키지 않았다는 겁니다. 사람은 혼자서는 살아갈 수 없고, 항상 타자와의 관계에서 마주치면서 존재하지요. 그래서 환경에 영향을 받을 수밖에 없습니다. 마르크스는 사람이 자신을 둘러싼 환경에 의해 사람의 의식이 결정되어 있다고 본 것이죠. 이것이 유물론적 세계관입니다. 단, 전제는 있죠. 사람은 생존하려는 본능이 있습니다. 그러니 진화론이 있는 이유이지요. 제가 생각하기에 사람은 자기 증명의 욕구도 있고 생성의 욕구도 있고 생존의 욕구도 있습니다.

원시 수렵 체제 시절의 사람들이라면 생존을 위해 협동을 하는 것이 본능으로 발현되었겠죠. 하지만 자본주의 경쟁 체제에서 사람들은 생존을 위해 이기심이 본성으로 발현되는 경우가 많습니다. 그러니 '사람은 원래 이기적이야, 원래 악해.'가 아니라 구조적으로 맥락적으로 파악하는 거지요. 이게 저에게는 큰 위로가 되었어요.

그 새벽 너의 카톡은

두려움의 실체를 알면 두렵지 않거든요. 저는 이렇게 생각해요. 인생은 해석 싸움입니다. 나를 둘러싼 구조, 환경을 내 식으로 재해석하고 주체적으로도 재해석하는 과정이 필요합니다. 그런 과정 없이 세상이 부여한 가치대로 끌려다니다 보면 위에서 제가 말했던 그 처음의 가치 있죠? 사람은 누구나 존엄하다는 가치를 잊습니다.

자신만의 언어로 나만의 해석으로 살게 만들어 준 게 저에게는 철학이었어요. 사실 철학은 사람의 인생에 깊숙이 있어요. 인간을 인간으로 살게 해 주는 게 철학이거든요. 그러니 철학은 내 삶에 적용되어야 합니다. 내가 쓰려졌을 때 내가 배운 철학이 나에게 도움을 주지 못한다면 그것은 죽은 철학이지요. 동양철학자 도올 선생님도 내 삶에 구체적으로 도움이 되지 못하는 철학은 필요 없다고 하셨어요. 그들만의 리그가 아니니까요. 소설가·철학가 알랭 드 보통이 2008년에 인생학교를 만든 이유도 같은 맥락입니다. 그가 했던 말 중에 기억에 남는 말이 있어요. "오프라 윈프리가 옥스퍼드 대학 인문학 교수들보다 더 철학적이고 성찰적인 질문을 한다."

저는 눈을 감고 가끔 생각해요. 내 안의 혹시 있을 '악'을요. 저는 유물론적 세계관으로 인간의 본성을 사유했잖아요. 그래서 더 인간이란 어떤 상황에서 나도 모르는 괴물이 나올지 모를 수도 있다는 생각을 항상 잊지 않으려 노력해요. 독일도 그래서 계속 반성의 교육을 의식적이고 반복적으로 하는 거고요. 사람은 부정적인 것에 관심을 더 기울이는 것도 사실이에요. 뉴스를 보면 거의 부정적 기사들이 댓글도 더 많고 주의를 끌죠. 비극에 관심이더 가는 것도 인간의 여러 속성 중 하나일 수 있어요. 하지만 사랑과 용기가 주어지면 타인을 위해 기꺼이 움직일 수 있는 것도 사람의 속성이에요.

과연 내 생각은 누가 결정하는 건가요? 이것에 대해 고찰한 철학자가 있어요. 바로 『악의 평범성』을 쓴 정치 이론가 한나 아렌트(1906~1975)죠. 유태인이었던 그녀는 독일에 있으면서 얼마나 무서웠을까요? 독일인 범주에 속하지 않으면 죽으니까요. 독일에서 도망을 나와 파리에서 무국적주의자로 7년, 그리고 미국에서 10년 가까이 도피하면서 '국가란 무엇인가' '사람은 무엇인가'를 얼마나 끈질기게 사유하고 고민했겠어요? 무엇이 당시 독일 국민들에게 유태인 대다수를 죽여도 마땅하다고 사유하게 했을까요? 그 평범했던 사람들을 악으로 만들고 면죄부를 준 것은 바로 '전체주의적 결정적 사고'였어요. 그러니 반성적 사고는 필수입니다. 또한 마르크스가 강조했듯이 신뢰도 필수지요. 비록 지금 저신뢰 사회라고는 하지만 말이죠. 끝으로, 신뢰 관련해서 훈훈한 사례 하나 소개할게요.

우연히 방송을 보다가 넋 놓고 본 은행이 하나 있어요. 바로 서울 용산구 동자동 주민들이 스스로 만든 '사랑방은행'입니다.

　그 새벽 너의 카톡은

이 은행은 기초 수급자들이나 신용 불량이 되어 통장도 마음대로 개설하기 힘든 분들이 모여서 적은 돈이지만 서로 출자를 하고, 어느 정도 저금을 하면 아무런 보증이나 담보 없이, 무조건 신용으로만 대출해 주는 은행입니다.

어려운 사람들끼리 외부 도움 하나 없이 뭉친 겁니다. 주민 전원이 출자자이자 조합원이고 이 은행의 주인이에요. 이 분들은 기초 수급 한 달 50만 원 받으면 방세로 30만 원 나가고 20만 원으로 살아야 해서 늘 돈이 조금씩 부족했거든요. 몸이 아파도 병원비가 없어서 힘들었고요. 하지만 이제는 믿음으로 돈을 빌릴수 있어요. 그래서 이 분들은 빌린 돈을 무조건 갚는다고 합니다. 고마운 마음으로요. 그러한 신용 덕에 현재 출자금은 2억 5천만 원이 되었고 회원도 400명이 넘었습니다. 제가 철학 책으로만 접했던 것을 직접 실현하신 겁니다.

샘, 내가 진짜 무엇을 좋아하는지
잘 모르겠어요.
찾는 방법이 있을까요?

제 욕망이 무엇인지 모르겠어요.

└ 욕망은 인간의 본질

사람이 언제 움직이는지 혹시 아세요? 사람은 머리나 이성으로 움직이지 않아요. 사람을 움직이게 하는 생의 충동은 신체에서 나옵니다. 참 이상하죠. 아무리 머리로 생각해서 그게 맞는 거여도 몸이 움직이지 않는다면 아닌 경우가 많아요. 머리로는 아니라고 해도 이미 몸이 그것을 해내고 있다면 그 자체가 나의 욕망의 발현이지요.

철학자 스피노자는 인간의 본질을 욕망이라고 보았어요. 그러니까 욕망을 공부하면 인간 전반을 공부하는 셈이죠. 이 욕망이라는 것은 나를 둘러싼 여러 관계에서 와요. 왜냐하면 욕망이라는 것은 단순히 무엇을 원하고 타자에게 원하는 것을 요구하는 단계를 넘어선 다차원적이고 관계 속에서 생성되는 감정이기 때문입니다.

그래서 순전히 혼자만의 욕망은 없어요. 예를 들면 나를 둘러싼 세계를 이해하고 싶고, 그 관계 속에서 내가 진짜 누구였는지 알고 싶고, 남들과는 다른 나만의 차이를 만들어 내고 싶은 것이 욕망입니다. 차이를 향한 이러한 욕망이 인간을 뛰게 하는 핵심적인 힘입니다.

　욕망에는 두 가지 사용법이 있어요. 부정적으로 사용하면 타인의 욕망을 욕망하게 되고 나를 소멸시키지만, 긍정적으로 사용하면 가장 나답게 살아갈 수 있어요. 철학자 니체는 시대가 부여한 가치 체계에 반기를 들 수 있는 욕망을 긍정하라고 했어요. 이렇게 다르게 살려는 의지가 욕망의 긍정적 사용법입니다. 사회적인 욕망, 타인의 욕망에 휘둘리지 않고 남들의 잣대에 흔들리지도 않고 나만의 길을 가는 것을 말하지요.

　예를 들어 어떤 사람이 행복이라는 것을 떠올리면 자꾸만 무대 위에서 연기를 하는 자신의 모습이 그려지고, 배우가 되고 싶었던 욕망을 지금까지 계속 꾹꾹 눌러 외면해 왔다는 것을 알았다고 해 보아요. 무언가를 하는 상상만으로도 가슴이 설레인다는 것을 안다는 것이 스피노자가 말한 자아실현입니다. 스피노자 철학으로 보면 내 욕망을 인지하는 게 자아실현이지, 무언가 대단한 사람이 되는 것이 자아실현이 아닙니다.

　그러면 자신의 욕망을 알아 버린 그 사람은 시간을 쪼개서라도 행동을 저절로 하게 될 겁니다. 누가 말려도 어떻게든 그 일을 하게 될 거예요. 인간은 절대 머리나 이성으로 움직이지 않아요. 감정, 삶의 충동, 에너지로 움직이지요.

더불어, 무언가를 선택할 때 힘들지요? 샘도 배운 건데 무언가를 선택할 때는 '욕망 대 욕망'으로 선택을 하는 거예요. 예를 들어 퇴사를 하고 싶지만 억지로 회사에 출근하는 사람을 생각해 보세요. 과연 그 사람은 회사를 가기 싫은 욕망을 억누르고 자신의 자유 의지에 따라 출근한 것일까요? 스피노자 철학에서 보면 아니에요. 그 사람에게는 두 가지 욕망이 있었어요. 하나는 일을 그만두고 싶은 욕망이고, 또 하나는 직장을 그만두면 당분간 수입이 끊기니 월급을 받고 싶은 욕망(최소한의 경제적 수입은 얻고 싶다는 욕망)이죠. 이 두 가지 욕망 중 하나를 선택한 것뿐이에요

그렇다면 어떻게 나의 욕망을 알게 될 수 있을까요? 방법이 있기나 한 걸까요? 푸코가 말한 대로 '밖으로부터의 사유'를 해야 하고, 들뢰즈가 말한 대로 계속 나를 재배치하게 하는 이질적인 항들을 마주쳐야 해요. 절대 사는 이유나, 욕망 같은 것을 내 안의 허공에다가 찾으면 안 됩니다. 계속 나를 둘러싼 관계에서 우연히 만나 보세요.

'나' 중심으로 나를 보려고 하면 절대 보기 힘들어요. 내 안으로 계속 들어가면 갈수록 어지러운 기억들만 떠오르고 속이 다쳐요. 결국 내가 어떤 사람인지 알고 싶으면 내가 어떤 것을 계속 마주치면서 설렜는지를 알면 되고, 그것을 알려면 최근에 스스로

해 왔던 행동들을 살펴보면 답이 나옵니다. 타자를 매개하지 않은 자기의식은 없으니까요. 이렇게 나를 알려면 무조건 타자를 통해 마주치고 얽히면서, 그 과정에서 울고 웃으며 그렇게 나라는 존재를 읽어 나가야 합니다. 지금 그 과정이라 우리 청소년 친구들이 많이 힘든 거예요. 저 역시 지금도 그 과정 중입니다. 이 과정은 생을 다할 때까지 반복되지요.

나의 의미는 나의 밖에 있다.[15]

———— 메를로 퐁티

사랑이라는 이상한 욕망 😊

사랑이라는 감정은 정말 이상하고 말이 안 되는 에너지 같습니다. 만일 어떤 일을 사랑하면 관련된 투잡, 스리잡을 해도 끄떡없지요. 피곤해도 나를 무한대로 뛰게 만들고 심지어 잠도 못 자게 할 수 있어요. 만일 어떤 과업을 사랑하면 그 과업이 돈이 안 되더라도 그 과업을 지키려 무슨 일이든 하게 됩니다. 남의 시선이니 세상의 편견이니 하는 것들은 우습게 되지요. 만일 누군가를 사랑하면 그 사람을 위해 세상의 아픔을 스스로 다 지고 싶어

집니다. 그러니까 자신의 몸이 망가지든, 자신의 세계가 무너져 버리든 상관없기도 합니다. 또한 말도 안 되는 비합리적이고 무식한 용기가 생기기도 하지요. 재고 따지기도 전에 몸이 이미 그렇게 되어 버립니다.

그런데 어떻게 사랑을 시작해야 할지 모르겠다고 하는 친구들이 많아요. 샘도 철학에서 배운 건데, 사랑의 시작은 의식의 문제가 아니에요. 사랑의 시작은 감각이고 생의 에너지죠. 즉 시작은 몸이 먼저입니다. 그 이후에 정신적 사랑으로 환원되어 의미 부여를 하는 것뿐이죠. 그 사람의 아름다운 모습을 발견하는 그 순간이 사랑의 시작이고, '저 사람이 알고 싶다.'라는 호기심의 충동이 사랑의 시작이에요.

가령 이런 거죠. 저 작가는 세계를 어떻게 바라보기에 저런 글을 쓸까? 저 배우는 어떤 삶을 살았기에 저런 연기를 할까? 저 친구는 어떤 향을 가진 친구이기에 저런 말을 하고 저런 행동을 할까? 또한 '내가 모르는 보이지 않고 은폐되어 있는 진실이 있지 않을까? 그게 뭔지 알고 싶다.'는 궁금증으로 누구는 천문학을 공부하고 누구는 인문학을, 누구는 공학을, 누구는 수학을 공부하지요. 고양이를 진짜 사랑하면 고양이 박사가 되는 것처럼 삶의 묘미는 이렇게 재미, 궁금함, 알고 싶고 보고 싶어 죽겠음, 당황스러움, 황당함, 다시 보이는 재발견, 웃겨 죽겠음 등에 있는 것 같아요.

샘이 친구들에게 이 세상에 태어난 이유를 각자 정해 보라고 했지요? 제가 태어난 이유를 군이 만든다면 먹고살려고 태어난 것도 아니고, 누군가에게 인정받으려 태어난 것도 아니고, 버티고 살아가려고 태어난 것도 아니고, 그저 무언가를 사랑하려고, 누군가를 사랑하려고 태어난 것 같습니다. 그래야 이 약한 나라는 존재도 사랑하는 대상을 위해 기꺼이 자신을 던져 버릴 수도 있고, 비워 버릴 수도 있고, 무너져 버릴 수도 있으니까요.

자신이 기꺼이 변화하는 정도가 무언가를 사랑하는 깊이고, 누군가를 사랑하는 증거일 수 있어요. 모든 변화는 얻어맞음을 동반하지만, 그럼에도 불구하고 기꺼이 감수할 만한 이 이상한 감정인 '사랑'이라는 것을 모두 했으면 좋겠습니다.

지난날을 되돌아보면 어쩌면 그토록 사랑하는 게 없어서 괴로웠는지 모르겠습니다. 그토록 붙잡고 싶은 것 하나 없이 표류하듯이 살아서 그리도 삶이 허무해 보이고 살아 있음에 감동하지 못했나 싶기도 합니다. 사랑하는 게 없으면 누군가를 위해 울지도 못하고 누군가를 위해 기꺼이 일하지도 못한다는 것을 뒤늦게 알았어요. 사랑하지 않으면 그저 존재 자체가 한없이 가벼워져서 아프지만 가볍게 가 버릴 수도 있어요. 그러면 안 되는 거잖아요. 아까워요. 최소한 사랑이라는 것을 해 보고 가야지요. 살아 있음을 느끼게 해 주는 건, 역시 사랑입니다.

그 새벽 너의 카톡은

나를 사랑하자? 😐

우리 친구들이 그 새벽에 많이 물어 보았던 질문은 '자존감을 높이는 방법이 있나요?'였어요. 바로 사랑을 받아야 해요. 그것도 있는 그대로요. 사람의 자존감이라는 것은 고정되어 있는 것이 아니에요. 누군가에게 있는 그대로 인정과 사랑 그리고 격려를 받았던 기억만큼 자존감도 쑥쑥 커 나가는 것입니다. 예를 들어 내가 생각하기에 내 머릿결은 푸석하기 짝이 없는데 누군가 내 머릿결을 쓰다듬어 주며 "부드럽다."라고 다정하게 말해 주면, 그 이후부터 내 머릿결을 사랑하게 될 수 있어요. 그런데 아이러니하게도 사랑을 받으려면 내가 먼저 다른 누군가를 사랑해야 합니다.

그러니 나를 너무 사랑하지 마세요. 철학자 알랭 바디우(1937~)는 사랑의 적은 제3의 경쟁 상대가 아니라 바로 자기 자신에 대한 이기적인 사랑이라고 했어요. 나 자신만을 지나치게 사랑하는 사람은 나를 제외한 그 누구도 사랑할 수 없어요. 이 이상하고도 사람을 살게 하는 '사랑'이라는 것을 제대로 하려면, 나를 버리고 무너지기도 해야 합니다. 철학자들의 행간에서 그런 게 느껴지더라고요. 자기를 더 사랑하는 그 얄궂음과 싸워야 누군가를 진짜 사랑할 수 있어요. 그러면 '누군가를 미친듯이 사랑했던 그런 나'를 그제야 사랑할 수 있게 된다고 철학은 이야기해 줍니다.

이제는 무언가를 붙들고 살아 볼까요? 아무것도 붙들게 없어서 한없이 존재가 가벼워지면 세상을 등지기도 쉬워지지요. 그러니 계속 소중한 것들을 붙들고 그걸 편식하는 삶을 살아 볼까요? 삶은 버티는 것도, 이겨내는 것도, 참고 살아내는 것도 아닌 것 같아요. 무언가 도취되었던 시간들, 그 시간들 속에서 숨쉬었던 잠깐의 기억들. 어쩌면 그런 순간들이 모여 나도 모르게 닫혔던 문을 열어줄지 모릅니다.

이제는 세상의 규칙에서 해방되는 유일한 나만의 시간을 가져 볼까요? 자신을 몰입으로 이끌어 갈 대상에 기대를 품는 것은 좋은 일이에요. 타인의 욕망을 그저 따라하는 것처럼 욕망을 잘못 사용해서 소진하지 말고 나만의 무언가를 꽉 붙들어 보세요. 어떤 대가를 치르더라도 나만의 것을 붙잡는다는 것은 진짜 행복을 가능하게 합니다. 이제는 위대한 사람보다는 누군가를 피식 웃게 해 주는 사람이 되어 볼까요?

행복한 자의 세계는 불행한 자의 세계와는 다른 세계이다.[16]

———— 비트겐슈타인

들뢰즈(1925~1995)

프랑스의 철학자. 삶은 무에서 유가 아니라 유에서 유라는 사실을 인식시키며, 중간에서 미끄러져 들어가는 존재들인 우리들이 할 수 있는 것은 지금 나의 항들을 재배치(아장스망)하는 것이라 전한 철학자다. 들뢰즈는 우리에게 이질적인 항들의 재배치를 통해 다른 존재로 되어갈 수 있다고 격려한다.

더불어 욕망의 긍정적 사용법을 알려준 철학자. 자본주의 배치 속에서 자본을 증식하려는 획일화된 욕망은 욕망의 부정적 사용법이다. 이처럼 욕망은 나무 뿌리처럼 획일화되면 안 되고, 고구마 줄기(리좀)처럼 다양해야 한다고 본 사람. 그 시대가 원하는 반응적이고 수동적인 욕망보다는 능동적이고 생산적인 리좀적 욕망을 갈망한 철학자. 나만의 속도로 걷고 나만의 차이를 추구하며 하나의 삶에만 머무르고 싶지 않았던 사람. 이렇게 들뢰즈는 하나의 가치, 하나의 스타일에 고정되지 않고 늘 자신이 있던 곳으로부터 벗어나 새로운 존재로 살고 싶어 했다. 저서로는 『천개의 고원』, 『차이와 반복』 등이 있다.

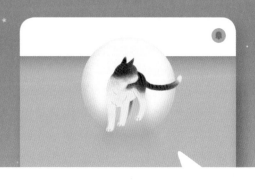

샘, 저 어떡하죠? 꿈이 없어요. 저만.
다른 친구들은 벌써 진로 다 정해서
입학 사정관이다 뭐다 수시 대비해서 자소서도 잘 쓰는데
저는 그런 거 없어서 그냥 수능만 준비하고 있어요.
그런데 지금 공부에 집중도 못하고 있어요.
도대체 꿈은 어떻게 하면 찾을 수 있나요?
저는 왜 이 모양일까요?

꿈이 없어요.
└ 스스로 개시하는 마음에 대하여

일단 친구는 지극히 정상입니다. 우선 친구가 생각하는 정상과 비정상의 구분은 뭐지요? 다수면 정상인 건가요? 다시 말하지만 철학에서는 그 대상 자체를 정상, 비정상이라 구분하지 않아요. 대신 이런 질문을 하죠. "정상과 비정상의 구분은 감히 누가 정한 거죠?" 정상 담론과 비정상 담론이 있을 뿐입니다. 그 담론이라는 것도 시대에 따라 변해요. 음악 들으면 지난 추억이 생각날 때 있죠? 영화를 보다가 무언가가 나를 건드려 울컥 눈물이 나오기도 하죠? 소설이나 시, 에세이 읽을 때 나를 잠시 멈추게 하는 구절 있었죠? 그렇다면 정상이죠.

정상적인, 너무나 정상적인 인간 본연의 마음인지라, 짜인 규칙대로 살기 싫은 것뿐이에요. 지금 억지로 입학 사정관들이 좋아할 만한 자소서에 나를 끼워 맞추기 싫은 겁니다. 그래도 부모님 기대도 있고, 나 스스로의 가능성은 열어 놓고 싶기에 주어진 제도인 수능에 도전해 보지만, 이런 현실 자체가 내 몸에 안 맞으니까 집중도 안 되고 그러는 거지요. 다들 각자의 속도로 다르게 사는 게 정상인 건데 친구들 나이대는 더 그렇지 못하죠. 10대들 대부분이 같은 시간을 보내고 같은 공간을 점유하며 동일한 속도로 뛰고 있으니까요.

인간을 움직이게 하는 건 뭘까요? 인간은 남을 위해 쉽게 움직이지 않아요. 하지만 철학자 푸코처럼 부조리에 맞서 싸우는 사람들을 옆에서 보고 감동을 받으면, 그때부터는 움직입니다. 아무리 옳은 말로 설득을 해도 잘 움직이지 않던 사람도 나에게 주어진 모순에 직접 서 보거나, 내 안에서 바꾸고 싶다는 울림이 오면 움직이게 됩니다.

반대로 이런 경우도 있어요. 사람을 움직이게 하는 힘이 싫은 사람을 이기려는 마음도 있을 수 있지요. 왜 아이들이 엄마에게 반항하죠? 엄마의 지나친 기대에 숨이 막혀 좌절감을 가지는 아이들도 있지만, 또 엄마의 기대를 일부러 부숴 버리고 싶은 심리도 있어서 그래요.

칸트가 이런 말을 했어요. '한 상태를 자기로부터 시작하는 능력'[17]이 자유라고요. 그러니까 내가 스스로 개시해야 진정한 자유라는 겁니다. 지금 입시가 힘든 건 내가 개시한 공부가 아니라서 그래요. 그냥 주어졌죠. '내가 이걸 왜 배워야 해?' '내가 이 일을 왜 해야 해?' 이런 마음이 드는 건 어쩌면 당연한 겁니다. 내가 개시하지 않았다면 말이죠. 철학에서는 이것을 '방향 상실'이라고 해요. 사람은 어떻게든 자기만의 의미 부여를 해야만 비로소 움직일 수 있어요. 니체도 이런 맥락에서 '살아야 할 이유를 아는 사람은 어떤 상황에서도 견딜 수 있다.'라는 말을 했죠.

> 그는 자신이 [결국] 무엇에 도달하게 될지를 알고 있기 때문에, 즉 자신의 아침, 자신의 구원, 자신의 아침놀에 도달하게 될 것을 알고 있기 때문에, 자신의 긴 암흑과 이해하기 어렵고 은폐되어 있으며, 수수께끼 같은 일을 감수하는 것이 아닐까?[18]
>
> ——— 니체

지금 하는 공부가 누군가에게는 자기 자신과의 싸움이라 포기 못하는 경우도 있고, 누군가는 타인에게 보여 주고자 이를 악 무는 경우도 있죠. 그 이유가 뭐든 나만의 이유로 내 행위를 개시해야 그것을 하는 과정에서도 후회가 적어져요. 누구 탓을 하겠어요. 내가 나만의 이유로 개시했는데요. 일도 마찬가지에요. 누군가는 지켜 주고 싶은 사람을 위해 힘든 일도 버티고요. 대부분 부모님들이시죠. 누군가는 가고 싶은 여행을 위해서 혹은 하고 싶은 공부를 할 학비 마련을 위해서 힘든 알바도 다시 슬며시 웃으며 합니다.

다큐를 보면 그 힘든 다이어트나 채식 같은 것도 '내가 나를 살려 줄게.'라고 마음먹은 사람들은 기꺼이 해요. 어떤 분은 산에 들어가 자연 치유로 병을 고치더라고요. 오히려 그 과정을 즐기기도 하고요. 단순히 참는 게 아니라 저절로 그렇게 되어가더군요. 내가 시작했으니까요.

저절로 그렇게 되는 것이 중요해요. 혹시 지금 이런 친구들 있죠? 저는 스스로 다짐을 하고 공부를 했는데도 잘 안 된다고요. 나도 모르게 저절로 내가 그 공부나 일을 하는 수준까지 가려면 의식적인 노력을 넘어서는 것이 필요해요. 그 과정은 당연히 힘들어요. 하던 대로 하라는 관성과 무의식이 자꾸 나를 막거든요. 그러니까 더 근본적으로 칸트식으로 표현하자면 '내 마음이 시킨 그 분명한 마음'이 있으면 의식적인 노력도 절로 하게 됩니다.

즉, 스스로 시작해서 스스로 끝내는 경험을 제대로 한 번이라도 해야 해요. 결과는 중요하지 않아요. 실패해도 그 경험으로 다시 개시하면 되니까요. 사고 실험 하나 할게요. 내가 강아지를 키우기로 결심했어요. 가족들의 무관심 속에서도 오로지 나만 그 강아지를 내 돈으로 먹이고 길렀어요. 그런데 그 강아지가 어느 날 사고로 죽어버렸어요. 슬프지만 내 손으로 강아지를 묻어 주었죠. 내가 개시하고 내가 끝냈어요. 강아지를 키울까요? 말까요? 남에게 묻지도 않았고, 키우기 힘든 거 각오했고, 같이 사는 가족들에게 무시당할 거 각오하고 키웠단 말이죠. 갑자기 죽음으로 끝났지만 애도하는 마음으로 내 손으로 묻어 주었고요. 이렇게 살아야 한다고 철학은 말해요.

자신만의 언어로 살아가세요. 😗

때로 온 힘을 다해도 안 된다는 걸 아는 사람은 쉽게 무너지지 않아요. 자신만의 언어로 살자는 것은 쉽게 말해서 우리도 철학자처럼 살자는 거예요. 철학자 들뢰즈는 철학은 자신만의 개념을 만드는 것이라 했어요. 자세히 말하자면 구체적인 문장을 만들자는 것이죠.

그런 나만의 구체적인 문장이 있어야 삶의 딜레마에 봉착했을 때 해결을 할 수 있어요. 딜레마에 대한 나만의 자각이 없으면 빠질 때마다 다시는 나오지 못할 곳으로 깊게 더 빠지게 될 거에요. 왜냐고요? 나올 방법을 애초에 정하지 않았으니까요.

그러니 '헬조선'이니 하는 언어를 자신의 언어로 체화하면서 서서히 자신을 죽여가지 마세요. 나를 둘러싼 과거나 세계도 모르고, 공부를 해야 하는 의미도 모르면, 당연히 살아 있는 것 자체가 고통이 돼요. 누구에게나 공평하게 주어지는 24시간을 힘들게 견뎌야 하는 것이죠.

저는 청소년들의 고민 문자에서 이러한 무수히 많은 '견딤의 절망'을 읽었어요. 간혹 상담하는 친구들 중에서 의사 선생님이 규정한 언어를 자신의 존재 자체로 받아들이고 좌절하는 경우가 있더라고요. 의사가 규정하면 그게 내 존재를 전부 다 규정할 수 있나요? 의사가 '조현병이다, 우울증이다, 조울증이다.'라고 명명하면 대부분의 친구들은 나 자신이 그 명명의 형식으로 존재한다고 믿더라고요. 하지만 그것의 명명이 나의 근본적인 존재 방식일 수 있을까요?

그것은 아니에요. 그렇게 부여받아도 우리의 의식 어디 한 부분에서는 그 병명이 내 존재의 근거가 아니라고 부정하면서 다시 다른 근거를 찾기 시작하거든요. 사르트르가 정의했듯이, 우리 인간은 끊임없이 자신의 존재 근거를 채우기 위해 바깥으로 나아갈 수밖에 없어요. 그러니 친구들, 이제 그만 스스로에게 가한 채찍질을 멈춰요. 인간이란 그럴 수밖에 없는 존재니까요. 샘도 친구들도 누구나 견디기 힘든 한계 상황이 오면 분열이 올 수 있고 조울증이나 우울증 등 각종 명명들이 잠시 나에게 붙을 수 있어요. 하지만 들뢰즈는 말했어요. 자본주의에서 분열은 정상이라고요. 절망의 시대에 아프지 않은 게 비정상입니다.

또 친구들은 남들은 다 잘하는 공부 하나 제대로 못하고 게임이나 하는 내가 이제는 지쳐서 죽어야겠다고 말하기도 해요. 지금 이 말들이 얼마나 갇힌 사고인지 친구들은 알지 못했어요. 입시라는 것이 시공간적으로 판단했을 때 상대적으로 사람을 줄

그 새벽 너의 카톡은

세우는 제로섬 게임이라는 것을 인지하지 못한 것이죠. 입시에 지친 허기가 작은 보상을 바로 주는 게임으로 연결되는 것은 어찌 보면 자연적인 흐름이에요. 근데 왜 내 의지 탓만 하나요? 중독은 빠져 나오는 게 아니고 다른 중독으로 대체하는 거예요. 내 생을 붙잡으려는 중독으로요. 스피노자도 A라는 정념은 B라는 정념으로 대체되어야 하는 것이라고 했어요.

어쩌면 그 단계를 거쳐야만 볼 수 있는 것들이 있어요. 철학자 프롬 말대로 인간은 자각한 만큼 자유로워지기에, 그것을 스스로 보게 되고 알게 되면 자각한 만큼 스스로 멈출 수도 있어요. 단순히 하지 말라는 금지나 타율적인 치료로는 사람의 욕망을 없앨 수도 지배할 수도 없어요. 사람은 그렇게 단순하지 않으니까요. 그렇지만 지금의 내 욕망이 나에게 알리고자 하는 무언가를 제대로 알고 판단할 때, 다른 욕망도 갈망할 수 있는 여유가 생겨요. 이렇게 중독에 대해서도 새로운 사유가 필요하답니다.

예를 들어 만일 어떤 친구가 게임 중독이라 그러면, 저는 절대 부정적으로 생각하지 않아요. 대신 들뢰즈의 시선으로 생각하지요. 들뢰즈는 그랬어요. "그들이 그것에 중독된 이유는 그 끝까지 가기 위함이다."라고요. 그러니까 그 게임에 중독된 친구에게는 너무나 강력한 어떤 것이 있으니까 한계 상황까지 가고 있는 거라고 재해석할 수도 있습니다. 그럴 때는 '나에게 게임은 무엇이었나.' 같은 주제로 글을 써보는 것을 권유해요. 글을 쓰는 과정을 자각에 이르게 합니다. 무의식을 건드리거든요. 언어는 무의식입니다.

여기저기서 주워들은 언어들은 내 언어가 아니에요. 한번 생각해 보세요. 일주일 동안 내가 쓰는 단어나 문장들을요. 한정되고 나에게 던져진 언어만 쓰고 있지 않았나요? 바깥으로 나가서 내 인생 단어나 문장들을 일부러 찾아야 해요. 나의 기나긴 숙고를 거쳐서 나만의 추론 능력, 세상을 바라보는 관점들을 일부러 찾아야 합니다. 그렇게 논리적으로 다시 구축되고 재편성된 말들이 나만의 언어가 될 수 있어요. 주변에 어느 한 분야를 즐기는 사람들을 가만히 보세요. 그들의 공통점은 다 자신만의 언어, 자신만의 삶의 문장이 있었어요. 제가 좋아하는 젊은 배우는 자신의 연기론을 인터뷰에서 이렇게 말했어요.

나의 예술은 관객의 마음을 변화시키고 진화시키는 어떤 것을 만들어내는 작업이고, 배우는 예술 작업을 위해 작품 속에 존재하는 사람이라고 생각해요. 짧은 시간이지만 이런 생각이 흔들린 적은 단 한순간도 없어요. 작은 배우는 있어도 작은 역할은 없다는 게 제 좌우명이에요. 저를 위해 존재하는 작품은 싫습니다.

최근에도 이 배우의 공연을 보았습니다. 3시간가량 공연에서

그 새벽 너의 카톡은

진심을 다해 노래 부르고 뛰어다니는 그의 모습에서 예전에 그가 했던 저 인터뷰가 갑자기 생각났어요. 지금은 영화계에서 티켓 파워가 있을 정도로 유명해졌지만 그는 여전했어요. 소위 말하는 배우병이니 연예인병이니 하는 언어들과는 절대 어울리지 않을 거예요. 그는 자신만의 언어로 사는 사람이니까요.

일에 있어서 나만의 정의를 내리는 것은 결국 나를 살려요. 자신만의 연기 철학을 정의내리고 연기를 하는 배우와 그러지 못한 배우와의 연기 질적인 차이는 존재할 수밖에 없지요. 삶은 내가 추론한 대로 살게 됩니다. 여기에 철학자 비트겐슈타인의 이야기를 덧붙일게요.

나는 나의 세계이고 세계와 삶은 하나이다. 세계가 나의 세계라는 것은 언어의 한계들은 나의 세계의 한계들을 의미한다는 점에서 드러난다. 그러므로 나의 언어의 한계들은 나의 세계의 한계들을 의미한다.[19]

———— 비트겐슈타인

삶의 증언을 마주치는 것 😔

혹시 이런 경험해 본 적 없나요? 어떤 소설 속 주인공 묘사를 읽는데 '아, 그때 내 감정이 이런 감정이었구나.'라고 다시 깨달았던 적 말이죠. 사람의 뇌는 재밌게도 가상과 현실을 잘 구분하지 못해요. 우리가 영화를 볼 때, 감정 이입이 되어 모니터나 스크린 화면에 소리 지르기도 하고 울기도 하는 이유죠.

이런 말을 하는 이유는 우리가 지금 구조적으로 약자일지라도 감정적으로는 강자가 되어야 한다는 말을 해 주고 싶기 때문이에요. 감정의 약자인 사람은 어떤 사람일까요? 내 감정을 내가 조절하지 못하는 사람이죠. 이 감정이 지금 짜증나는 건지, 서운한 건지, 슬픈 건지, 구분을 못해요. 그런 사람들은 그냥 화만 내죠. 그저 화가 나는데, 더 안타까운 건 그 화가 왜 나는지, 원인 파악도 욕구 파악도 힘들어한다는 것입니다.

그러니 이제부터라도 언어로 내 감정을 구체화하는 연습이 필요해요. 글을 특히 소설을 많이 읽어야 해요. 위대한 작가들은 사람의 심리 묘사를 언어로 잘 풀어내기 때문에 그런 글들을 읽다 보면 여러 사람들이 내 가슴속으로 들어와요. 내가 미처 겪지 못했던 감정들도 느끼게 해 줘요.

예를 들면 나는 16살 소녀인데, 50대 가장의 심리 묘사를 읽다보면 50대 가장의 마음을 이해할 수 있는 것이죠. 아버지를 그렇게 이해할 수 있게 돼요. '내 부모님이기 이전에 그 여자, 그 남자였구나.'

사람들과의 관계로 힘들다면 '어떨 때 사람들이 사람과 교감을 잘 하는지'에 대한 여러 묘사들을 읽어 보세요. 다큐를 보거나 영화를 보는 것도 좋아요. 언어적으로든 시각적으로든 내 감정을 계속 요동시키게 하고 울게 하세요. 그러는 순간 감정이 해소되기 시작해요. 타인이 이해가 되고 결국엔 인간이 이해가 되고 그 끝에 나란 사람이 이해가 될 거에요.

철학자 들뢰즈는 말했어요. 위대한 문학 작품과 위대한 철학 저작의 공통점은 그들이 모두 '삶의 증언'이기 때문이라고요. 우리는 삶의 증언을 계속 마주쳐야 합니다. 샘은 그러한 삶의 증언들로 인해 살고 싶어졌어요. 철학이 없는 이전 삶은 망망대해를 혼자 표류하는 느낌이었거든요. 그래서 친구들에게도 삶의 증언을 권해요.

엄마 아빠랑 대화하기 싫어요.

말해 봤자 소용없어요.

완전 벽 보고 이야기하는 것 같아요.

제가 힘든 거 알면서도 기대를 하고 부담을 줘요.

엄마 아빠는 숨막히는 존재예요.

└ 나의 부모를 그와 그녀로 보는 법

도대체 왜 부모님들은 자식들에게 큰 기대를 하는 걸까요? 우선 그들을 시대적으로 파악해 보자고요. 지금 제가 상담했던 청소년들 나이대는 보통 1999, 2000, 2001년생들이 많았어요. 그러면 이 또래의 친구들 부모님은 대개 1998년 20, 30대 청춘일 때 IMF(국제통화기금)를 경험했어요.

《기억의 밤》이나 《국가부도의 날》이라는 영화가 있어요. 거기 보면 IMF가 한 개인과 그 가족을 어떻게 만들었는지 자세히 묘사되어 있어요. 그때는 참 잔인한 시대였어요. 살아남는 법을 스스로 배워야 했죠. 저희 부모님도 그때 장사를 하셨는데 초등학생이었던 저도 폐업만은 막기 위해 전단지를 같이 돌렸던 기억이 생생해요.

IMF 사태는 해외에서 차입한 채무 1,000억 달러를 갚지 못해 생긴 일이에요. 왜 갚지 못했을까요? 해외에서 들어온 1,000억 달러를 재벌들과 권력이 서로 단합해서 해외로 빼돌렸기 때문이에요.[20] 그 시간 우리 국민들, 그러니까 지금 청소년들의 엄마, 아빠는 금 모으기 운동을 하고 있었는데 말이죠. (IMF의 원인을 더 자세히 알고 싶다면 황광우 작가의 『촛불철학』을 읽어 보세요.)

경제 시간에 혹시 1997년 IMF에 대해 배웠는지 모르겠어요. 언론이 신자유주의라고 말하는 것의 기원이 바로 IMF예요. 신자유주의는 금융제국주의의 유사어로 보아도 돼요. 우리가 외환 보유액, 즉 달러가 부족했던 시절 미국의 IMF는 달러를 빌려주는 대가로 모든 것의 개방을 요구했어요. 주식시장도 개방하고 은행도 개방하고 노동시장도 개방하라고 했죠. 쉽게 말해 '너희 나라는 망하기 직전이니 외국 자본이 들어와야 산다. 그러니 금리도 높여서 외국 자본이 쉽게 들어오게 하라.'는 것이죠. 문제는 수많은 외국 자본이 들어와서 공장을 지어 주고 일자리를 창출해 준 게 아니라 주식만 쓸고 갔다는 거지만 말이죠.

또한 IMF는 '각종 회사는 망하기 싫으면 비용을 줄여라. 특히 인건비를 줄여라. 비정규직을 늘리고 쉽게 해고하라.'라고 요구했죠. 여러분도 가끔 드라마나 영화에서 IMF 시절 해고된 가장들의 행렬을 보았을 거예요. 이렇게 금융 개방이 되었어요. 150년 전 영국 어느 도서관에서 10년 넘게 자본주의 관련 공부를 했던 마르크스는 이런 말을 한 적이 있어요. '생산의 무정부성'으로 인해 자본주의는 힘들어질 것이라고 말이죠. 2008년에 금융위기를 150년 전 마르크스가 맞힌 셈이죠.

생산의 무정부성은 쉽게 말해 생산을 하는 것에는 정부가 없어서 마구 생산하게 되고, 그로 인해 과잉 공급이 나타나 수요와 공급 체계가 무너진다는 뜻이에요. 2008년 금융위기를 간단하게 설명하자면 미국에서 부실한 채권(비우량 주택 담보 대출)들을 과잉 생산해서 전 세계에 좋은 채권인 척 속이고 마구 팔았어요. 그럴 수 있었던 이유는 신자유주의로 인해 금융이 무방비로 개방되었기 때문이죠. 미국식 신자유주의 모델을 따르는 나라일수록 많이 샀어요. 우리나라도 예외가 아니었죠. 그래서 미국 주택시장이 무너졌는데, 그 여파가 한국의 쌍용자동차 근로자 대량 해고로까지 이어진 겁니다.

은행들이 부실 채권을 떠안아서 기업에게 현금 회수를 강하게 요구하면 기업은 채용을 줄이고 해고를 하게 돼요. 사회 안정망이 약한 자본주의에서 사람이 먹고사는 노동의 기회를 박탈당하면 존재 자체를 잃게 돼요. 이때부터 공무원의 직업 인기가 올라가요. 그 전까지 공무원은 지금처럼 인기가 있는 직종은 아니었다고 합니다. 여러분의 부모님은 청춘일 때 그런 비극을 경험했기에, 지금 자녀들만은 그 불안을 느끼지 않기를 바라서 공무원을 권하시는 걸지도 몰라요.

존재론적인 칭찬 해 주세요. 😑

그래요, 그런 부모님 마음은 알죠. 하지만 방법이 잘못되었어요. 부정적인 피드백과 성과를 낼 때만 하는 칭찬은 그 사람의 속을 파괴합니다. 나를 낳아준 부모에게 아이들이 바라는 건, 내 존재 자체를 인정하고 칭찬하는 거예요.

문자 상담 시 학부모 상담도 가끔 해요. 그 새벽에 반항하는 아들딸 때문에 잠도 못 자고 애가 타시는 겁니다. 그러면 저는 몇 가지 질문을 해요. 아이가 왜 그러는 것 같은지, 혹시 이유를 아시느냐고요. 그러면 대부분 잘 모르세요. 대화를 해 본 적 있냐고 물어봐도, 존재론적인 칭찬해 주신 적 있냐고 물어봐도 그런 거 해 본 적 없다고 하시죠. 다시 질문을 해요. 그러면 아버님, 어머님이 바라는 아들, 딸의 모습은 어떤 모습인지를요. 그러면 다 그러시는 건 아니지만 몇몇 분은 이성친구 사귀지 말고 착실히 학교생활 잘하고 공부 열심히 하고 부모 말 잘 듣는 자녀를 원하신다고 합니다.

저는 사실 이런 답을 해 주시길 원했어요. "공부 못해도 되니 우리 아들, 딸이 자신의 삶을 긍정하면서 살아갔으면 좋겠다. 우리 아들, 딸을 믿으니 지금 하는 사랑은 선 스스로 지키며 잘하고, 부모와도 대화를 늘리고 맛있는 거 같이 먹었으면 좋겠다."

존재론적인 칭찬 지금이라도 해 주세요. "내 아들, 딸로 태어나 주어서 고맙고 반가워. 엄마는 네가 건강해서 고마워. 아빠가 지칠 때 말동무가 되어 주어서 고마워. 난 우리 아들, 딸이 웃을 때가 제일 좋아."

분명히 영유아 때 실컷 해 주셨을 텐데, 왜 지금은 안 하시나요? 성적이 잘 나올 때 칭찬하는 건 내 아이를 소유의 개념으로 보시는 겁니다. 공부 잘하면 남들에게 자랑하고 싶죠. 소유죠. 존재론적 칭찬을 하면요, 사람이 엇나가려 해도 엇나갈 수가 없어요. 내 존재를 알아주던 그 사람 눈에서 눈물 나게 하기 싫거든요. 그런 엄마와 아빠를 지켜 주고 싶거든요. 그런데 나를 본인 소유물이라 생각하는 부모 앞에서는 계속 작아집니다. 외로워집니다. 그래서 성적 떨어지면 집에 못 가고 옥상 가는 거죠. 그 옥상에서 새벽에 저한테 문자를 보냅니다. "내 인생은 망한 거 같아요."

제가 있는 힘껏 존재론적 칭찬해도 일시적일 뿐이죠. 부모가 안 해 주면 내일 다시 옥상 갑니다. 다시 한 번 묻고 싶습니다. 아이를 정말 사랑하시나요? 왜 자식이 항상 잘되기만을 바라시죠? 조금 넘어지면 안 되나요? 부모님들은 지금 청소년들 시기에 넘어지지 않으셨나요? 제발 아이들 좀 편하게 해 주세요. 수능 다가오면 이런 말 하지 마세요. "간절히 원하면 이루어진대. 엄마 아빠가 늘 마음속으로 응원하는 거 알지? 우리 아들, 딸 파이팅."

그놈의 파이팅…… 차라리 이렇게 말해 주시면 안될까요? "○○아, 이 세상에는 노력으로 되는 것도 있고, 안 되는 것도 있더

라. 엄마 아빠도 미친듯이 했는데 실패한 적도 많았어. 그냥 이런 얘기해 주고 싶었어."

마지막으로 비트겐슈타인이라는 철학자가 했던 말 중에 소개할 말이 있어요. "말할 수 없는 것에 대해서는 침묵해야만 한다." 우리가 언어로 할 수 없는 것들이 있어요. "널 믿는다. 파이팅!" 이런 거는 언어로 하는 게 아니라 행동으로 하는 거라고 비트겐슈타인은 말해요. 저도 상담에서 함부로 상대방을 이해한다고 말할 수 없어요. 다만 제가 지금 하는 게 문자 상담이라 대신 이렇게 문자를 보내요. '샘이 감히 다 안다고는 못하지만 샘이 친구 입장이었어도…….' 이런 식으로 시작하죠. 엄마 아빠는 티비만 보면서 아이에게 공부하란 소리를 언어로 하지 마세요. 직접 공부하는 모습을 보여 주세요.

이제는 부모님에게 들어야 할 말 😙

이제는 친구들도 부모님에게 들어야 할 말이 있어요. "넌 이기적이야." 만일 나에게 기대를 하는 사람들에게 이 말을 들었다면 친구는 주인으로 살고 있는 겁니다. 철학에서 말하는 주인은 뭘까요. 철학자 프롬의 말처럼, 나라는 존재는 타인이 기대하는 존재가 아니에요. 그러니 타인의 기대로 산다면 나는 노예죠.

그 새벽 너의 카톡은

나라는 존재가 타인이 나에게 기대하는 존재에 불과하다
면 나는 과연 누구인가? [21]

———— 프롬

우리나라 학생들은 주로 타인의 기대에 맞게 살아가요. 그러니
그렇게 아픈 것이죠. 부모의 기대, 학교의 기대, 선생님의 기대…….
그런데 니체가 살았던 시대에도 부모의 기대는 존재했었어요.

부모도 자식에게서 결코 충분히 멀리 떨어져 있지 않았기
때문에 자식에 대하여 잘못 판단하는 것이 아닐까? (중략)
인간들은 자신을 둘러싸고 있는 가장 가까운 것에 대해서
는 더 이상 숙고하지 않고 그것을 단지 받아들이기만 하는
경향이 있다. 아마 부모의 습관적인 멍청함이 언젠가 그들
의 자식들에 대한 판단을 내려야 할 때 그렇게 빗나간 판
단을 하게 되는 원인일 것이다. [22]

———— 니체

그래서인지 사춘기는 모두에게 필수라고 생각해요. 오히려 사
춘기가 있는 게 건강한 거죠. 이유 없이 짜증나고, 이 세계가 그

냥 싫고, 부모는 나에게 강요만 하는 것 같고 말이죠. 이런 생각은 지극히 당연한 것이에요. 루소도 이런 시기를 '제2의 탄생'이라고 했어요.

부모님이 그와 그녀로 보이는 순간 ☻

하지만 여기서 당부하고 싶은 말이 있어요. 지금 사춘기를 겪으며 부모와 싸우고 있다면 힘들겠지만 감정적으로만 싸우지 말고 여러분만의 논리를 구축해서 자신의 주장을 정당화시켜야 한다는 것을 말이죠. 그게 여러분의 생계를 책임지는 그분들에 대한 예의에요.

우리는 사르트르의 말처럼 '실존'이지만, 라캉 말대로 '미숙아'로 태어났거든요. 다른 동물들은 태어나자마자 걷고 뛰기도 하는데 인간은 몇 년 동안 밥도 혼자 못 먹어요. 그런 미숙아를 사람으로 만들어 준 게 지금 여러분의 부모님이에요. 비록 지나친 기대가 힘들게 했지만, 지금 눈앞의 힘든 것 때문에 과거의 과정까지 잊지 말기를 바랍니다.

칸트 말처럼 자유에는 책임이 따르죠. 부모님의 기대에서 자유롭고 주인으로 살고 싶다면 나를 기대하는 타인의 기대를 저버릴 용기도 필요하고 나만의 뜻을 정당화시킬 연습도 준비도 필요해요. 그래서 기꺼이 욕을 먹을 준비와 책임이 된 사람만이 주인으로 살 수 있다고 철학은 알려 주지요.

어떤 대상을 있는 그대로 본 적 있나요? 이 세상이 나를 이름표로 구별 짓고 평가해도, 아주 잠시만 그 이름표 다 떼 버리세요. 부모님이라는 이름표를 떼면 어느 순간 그 남자, 그 여자로 보여요. 내 부모님으로 사느라 참 고생 많았을 그 남자, 그 여자.

그들에게 변경된 친구의 마음속 비밀번호를 다시 알려 주세요. 지금도 어쩌면 부모님들은 자식들의 비밀번호가 바뀐 줄도 모르고 아이가 5~6살 때의 비밀번호로 자녀 마음의 문을 열려고 하는지도 모르겠어요. 그러니 알려 드리세요. 내 마음의 번호는 바뀌었다고요.

아는 사람 중에 부모님께 이런 말을 한 친구가 있어요. 지금까지 자기를 위해 사용한 영수증을 버리지 말아 달라고요. 그거 다 갚게 해달라고 말이죠. 가만히 눈을 감고 지금의 나를 나로 있게 해 준 모든 것들과 모든 사람들을 떠올려 보세요. 잘 생각해 보면, 참 이 세상에 빚진 게 많아요. 과연 내가 진 빚을 다 갚고 갈 수 있을지에 대한 생각이 문득 들죠. 내 존재가 누군가에게는 기쁨이었어요. 친구들 기억 속에는 없지만, 부모님들의 기억에 그런 순간들이 있지 않을까요.

존재의 알리바이는 없다. 😊

자신의 안쪽에서 산다는 것은 자신을 위해서 사는 것을 의미하지 않는다. 자신의 안쪽에서 산다는 것은 자신의 안쪽으로부터 책임을 지고 참여하라는 것을 의미한다. 즉 이것은 자신의 존재에 알리바이가 없음을 시인하는 것이다.

——— 바흐친 「예술과 책임」 중에서

자신의 존재에 알리바이가 없다는 것이 무슨 말일까요? 통상적으로 용의자가 범행 시각에 범행 현장에 없었음을 증명하는 것을 알리바이라고 하지요. 즉, 무슨 일이 생겼을 때 알리바이가 있다면 그 사람은 그 일에 책임이 없다는 거예요. 그런데 알리바이가 없다면? 책임이 그 사람에게 있는 거지요.

그렇다면 내 존재의 책임은 누구에게 있을까요? 부모님께만 전적으로 있을까요? 과연 나에게는 없을까요? 간혹 상담 중에 친구들이 부모님 원망을 많이 하면서 "왜 이런 세상에 나를 낳아서 나를 힘들게 할까."라는 말을 많이 해요. 불교가 철학자 나가르주나(150?~250?) 식으로 인생을 인과 연으로 보면 이 말은 100퍼센트 성립되지는 않아요.

그 새벽 너의 카톡은

과연 엄마가 나를 낳은 걸까요? 내가 엄마 뱃속에서 나온 걸까요? 엄마가 자식을 가지려 했던 시도나 의지는 직접적인 원인일 수 있어요. 하지만 수많은 간접적인 조건인 연(緣)이 닿아야 아기가 무사히 태어날 수 있어요. 아무리 부모님이 나를 낳으려고 의지를 발현해도 세상이 도와주지 않거나 운이 좋지 않으면 아이는 태어날 수 없어요. 그러니 지금 현재의 나라는 존재는 부모님만의 책임이 아니라 수많은 인과 연의 합이라고 볼 수 있지요. 그리고 나라는 존재는 태어난 이후 지금까지 살아오면서 내가 한 선택들의 합이기도 하고요.

그러니 결국 내 존재의 알리바이는 나에게도 없어요. 즉, 내 존재의 책임은 전적으로 나에게 있어요. 철학자 바흐친(1895~1975)의 말처럼 이제 내 존재에 알리바이가 없음을 시인하고, 내 존재에 책임을 다하기 위해 한번 살아 볼까요?

샘, 친구들과의 관계가 너무 힘들어요.
저에게 문제가 있는 건가요?

인간관계가 너무 힘들어요.

└ 철학자가 말하는 인간관계에 대하여

나를 행복하게 하는 사람과 계속 만나세요. 🙂

신을 당연히 믿어야 하는 시대에 살면서도 내 안에 신이 있다고 말했다가 파문 당하고 렌즈를 만들며 살았던 철학자 스피노자 이야기를 해 줄게요. 스피노자는 사람이든 나무든 어떤 객체 내부에 '능산적 자연(코나투스)'이 있다고 봤어요. 스피노자가 말하는 '코나투스'는 생명을 유지시키고 살아가게 만드는 힘이자 자기 보존의 욕망이고 삶에 대한 욕망이에요. 일종의 관성이죠. 자신의 존재를 끈질기게 지속하려는 힘이니까요. 코나투스가 있기에 인간은 삶을 이어갈 수 있어요.

그런데 마주치기 전에는 코나투스가 증가할지 감소할지 몰라요. 마주쳐 봐야 알 수 있어요. 내 안의 코나투스가 증가하는지 감소하는지 미리 알 수는 없어요. 친구들 그런 경험 다들 있죠?

철학은 내가 인간이었음을 다시 알려 준다.

어떤 친구는 만나기만 하면 행복감을 느끼는데, 또 어떤 친구는 만났는데 나까지 우울해진단 말이죠. 그러니까 나의 코나투스를 증진시키는 사람과 자주 만나세요. 이것은 과학으로도 증명되었어요. 아래의 글을 읽어 보세요.

> 스피노자의 코나투스를 현대 생물학 용어로 어떻게 표현할 수 있을까? 코나투스는 생명체가 신체 내부의 조건이나 외부 환경의 조건에 직면했을 때 생존과 안녕을 추구하도록 만드는 생물의 뇌 회로에 자리 잡고 있는 경향의 총합이라고 할 수 있다.[23]

우울이나 슬픔의 정서는 내 마음의 문제가 아니라 나를 둘러싼 시대의 문제이고 관계의 문제예요. 슬픔, 우울이라는 음의 감정은 수동적으로 나에게 들이닥치는 거예요. 내 주변 관계가, 내 주변 상황이, 내가 살고 있는 이 시대가 주는 음의 감정이지요. 그저 수동적으로 맞을 수밖에 없어요. 그러면 어떻게 해야 할까요? 나를 슬프게 하는 그 관계에 변화를 주어야겠지요? 그저 걸으세요. 나를 기쁘게 하는 곳으로요. 나를 무시하고 핍박하는 관계 속에서 '너희들이 뭐라고 하든 나는 최고다!' 이러지 말고요. 제발 도망가자고요.

수동적으로 들이닥친 슬픔의 정서 속에서 그저 내 마음을 바꾸고 내 태도를 바꾸는 것은 아무것도 바꾸지 않겠다는 것과 같아요. 이제는 마음에서 빠져나와 나를 둘러싼 흐름을 바꿔 보아요. 한동안 연락 못했던 다른 친구에게 연락해 보고, 안 먹어본 음식을 먹어 보고, 나를 모르는 새로운 사람을 만나고, 나를 사라지게 만드는 학교도 그만둬 보고, 다른 공부도 해 보고, 안 읽은 책도 읽어 보고, 그림도 그려 보고, 노래도 부르고, 요리도 해 보고요. 이제는 의식적으로 슬픔을 방치하지 마세요. 다시, 우리는 스피노자가 한 말을 기억해야 합니다. 내 안에 살아 숨쉬는 코나투스를 증진시키는 사람만 지속적으로 만나세요.

아이돌을 좋아하는 이유 😶

나를 지속적으로 생기 있게 만드는 코나투스와 마주친 적이 없다고요? 다시 한 번 누군가를 사랑했던 경험을 떠올려 보세요. 사랑해 본 경험이 없다면 누군가를 궁금해 했던 경우라도 생각해 보세요. 아이돌을 떠올려 보세요. 대한민국에 아이돌이 존재해서 상담하는 입장에서 얼마나 고마운지 몰라요. 교실에서 만나지 못했던 우정, 아이돌에게서 배우지요. 그러나 어른들은 청소년들이 아이돌이나 배우를 좋아하는 것을 색안경을 끼고 봐요. 기성세대가 주를 이루는 세상은 그런 그들에게 이름을 붙여 주었죠. '빠순이' '빠돌이' '덕후' 등등 말이죠.

사실 단순히 '덕질'이라고 폄하하는 건 좋아하는 행위가 어떤 물질적인 보상으로 이어지지 않는다고 생각하기 때문이에요. '그거 해서 돈이 나오니 쌀이 나오니'를 듣고 자란 부모님들이 볼 때, 하라는 공부는 안 하고 '덕질'이나 하는 친구들이 한심해 보이는 거죠. 하지만, 친구들은 그 '덕질'에서 무엇을 얻는 줄 아세요? 놀라지 마세요. 덕질을 통해 친구들은 지금보다 더 좋은 사람이 되고 싶어 해요. 이런 걸 철학에서는 동일시라고 불러요. 아무리 주변 어른들이 식상한 명언들을 풀어놓아도 시큰둥한 친구들이, 그들이 좋아하는 배우나 아이돌의 인터뷰에서 그러한 명언이 나오면 인생의 좌우명으로 삼지요. 또한 좋아하는 아이돌의 메이킹 영상이나 실생활을 엿볼 수 있는 리얼리티 프로그램에서 그들이 보여준 행동들 하나하나에 의미를 두고 자신의 생활에도 적용해요.

예를 들어, 더워도, 추워도, 졸려도, 스케줄에 밀려 피곤해도 그 새벽에도 다시 모여 춤 연습을 하는 아이돌을 보면서 '나도 한 번쯤은 내 인생에서 열심히 살고 싶다.'라고 다짐한다고요. 데뷔한지 6년이나 지났는데도 아직도 같이 일하는 선배, 후배, 동료, 스텝 들에게 90도 인사를 하고 다니는 아이돌을 보면서 '사람이 기본적인 예의로도 감동을 줄 수 있구나.'를 다시 한 번 느끼죠. 자신이 좋아하는 아이돌이 억울한 구설수에 휘말렸을 때, 잘 헤처 나가는 모습을 보며 '사람이 어려움에 빠졌을 때 이렇게 의연하게 대처할 수 있구나.'를 배워요. 그리고 한 멤버가 힘들 때 기꺼이 함께 울어 주는 멤버들을 봤을 때 '우정이라는 건 이런 거구나.'를 배우죠.

저의 경우 사실 요즘 아이돌이 워낙 많기도 하고, 서른을 훌쩍 넘은 나이이기도 해서 아이돌에 대한 관심이 없어진지 오래였어요. 그래서 요즘 청소년들이 아이돌을 좋아하는 이유가 단순히 그들의 매력적인 외모나 춤, 노래 때문일 것이라 판단했었죠. 하지만 그게 다가 아니었던 거죠.

친구들은 아이돌이 하는 말과 행동, 그리고 그룹 안의 관계를 통해서 학교에서 배우지 못한 인생을 배워요. 아이돌마다 데뷔 전부터 고생하는 모습의 리얼리티 프로그램이 다 있죠. 회사 대표나 매니저들에게 감시당한 채, 외출 한 번 하는 것도, 체중 관리 때문에 간식 한 입 내 마음대로 먹을 수 없었던 그들의 모습을 보면서 무언가를 얻으려면 반드시 그에 상응하는 대가가 있음을 느끼기도 한답니다.

지금 화려한 모습은 사실 보이지 않는 곳에서의 땀이 있었기에 가능했음을, 식상하지만 다시 느끼지요. 때로는 그렇게 열심히 했음에도 대중의 결과가 처참한 아이돌을 좋아하는 친구들은 아무리 노력해도 세상에 내 마음대로 안 되는 일은 있구나를 느끼고요.

힘든 일이 있을 때마다 멤버들을 다독이고 다시 이끌어 가는 리더를 보면서 청소년들은 리더십을 배워요. 하긴 리더십을 각자 도생으로 경쟁만 하는 학교에서 배울까요? 학원에서 배울까요? 간혹 정말 반 친구들을 다 이끌어 가고자 하는 영웅 같은 선생님들이 계시겠지만, 그 리더십을 지금의 입시 교육 현장에서 보기는 드물어요. 그래서 아이돌을 좋아하는 것을 철학적으로 해석해 보고 싶었어요. 이런 걸 프로이트는 동일시라고 했어요. 물론 무엇이든 지나치면 독이 되니, 당연히 지나친 동일시는 위험할 수 있어요. 하지만 적당한 동일시는 우리 친구들의 삶을 건강하게 해 줍니다.

실제 상담 문자에서 세상의 끝에 선 친구에게 반드시 묻는 질문이 있어요. 자기 옆에는 아무도 없다고 하는 친구들에게 그러면 좋아하는 가수나 배우, 작가가 있는지 물어요. 그러면 다행히도 그런 존재가 있는 친구들은 잠시 죽음의 순간을 정지시킬 수 있었어요.

저는 그저 물었어요. "방탄소년단, 왜 좋아해요?"

"……."

그리고 그들은 좋아하는 이유를 말하며 잠시 행복해 했어요.

원래 고통은 스스로 이겨내기 힘들다. 😌

나 대신 욕해 주고 나 대신 화를 내 주는 것만큼 위로가 되는 게 있을까요. 홀로코스트 생존자였던 신경학자 프랭클의 『죽음의 수용소에서』라는 책을 읽다가 그런 부분을 발견하게 돼요. 아우슈비츠에서 '여기 오기 전에 돈이나 벌려고 의사 했었겠지.'라며 비아냥거리는 감독관에게 프랭클은 가난한 사람을 위한 진료소에서 일했다고 소신 있게 말했다가 엄청난 폭행을 당해요. 다음은 심난해진 그가 책에 쓴 표현입니다.

> 바로 그 순간 피가 머리로 솟구쳤다. 어떤 사람으로부터 그가 전혀 알지도 못하는 내 인생에 대해 이러쿵저러쿵하는 소리를 들었기 때문이다. 여기서 고백할 것이 있다. 이런 일이 있고 나서 동료들로부터 다음과 같은 말을 듣고 나서 내 분노가 어린아이처럼 누그러졌다는 사실이다. "저렇게 짐승 같고 야비하게 생긴 작자가 우리 병원에 오면 아마 간호사들이 대기실에도 들여보내지 않고 쫓아낼걸."[24]
>
> ——— 빅터 프랭클, 『죽음의 수용소에서』

내가 당한 일에 같이 분노해 주던 동료의 말에 프랭클의 분노는 어린아이처럼 누그러졌어요. 만일 혼자서 그 분노를 삭이려 여러 가지 노력을 한들 누그러지기까지는 시간이 꽤 걸릴 거예요.

가끔 제가 지금 상담을 하는 건지, 답정녀(답은 정해져 있어! 너는 대답만 하면 돼!)의 자동 응답기가 된 건지 분간이 안 가는 시간도 있어요. 그때 프랭클의 이 마음을 잊지 않으려 노력해요. '이 친구는 지금 분노를 어린아이처럼 누그러뜨릴 말을 원했구나.' 답정녀여도 아주 잠시는 그들이 원하는 답을 해 주는 것도 상담일 수 있겠구나 하는 것을 배워요.

인간에게 타자가 필요한 이유 😶

나를 살리려면 누군가를, 무언가를 사랑해야 해요. 그 사랑이라는 에너지로 사람은 생존을 넘어선 실존도 할 수 있어요. 사랑은 철학자 들뢰즈 표현을 빌리자면, '나의 가능 세계를 알게 해 주는 동시에 나의 과거를 다 잊게' 해 줘요. 중요한 건 사랑하는 사람이든 뭐든 그런 대상이 있다면 내가 기꺼이 변할 수 있다는 것이죠. 지금 죽고 싶은 내 마음도 변할 수 있어요.

상담을 하면서 느끼는 거지만 사람을 지옥 속에 살게 하는 가장 큰 원인이 인간관계에서 오는 고통이에요. 어떤 사람 앞에만 서면 가면을 쓰게 되고 바뀐 비밀번호도 알려 주기 힘들죠. 그런 사람이 또 어떤 이 앞에서는 가슴속 비밀번호를 쉽게 알려 주죠.

　　　　　　　　그 새벽 너의 카톡은

지금 사람이 두렵고 그 수위를 넘어 인간 혐오까지 간다면, 안타깝지만 지금까지 내 리듬과 어긋나는 사람만 마주쳤기 때문이에요. 그런데 이거 하나만 잊지 말아요. 기꺼이 나에게 쉼표가 되어주는 사람을 반드시 만난다는 것을요. 세상이 다 나를 위해 존재하는 것만 같은 착각이 들게 하는 사람을 만난다면, 새벽에 샘에게 문자하는 일은 없을 거예요.

때때로 진정으로 우정 어린 말을 할 수 있는 사람을 보는
건 좋은 일이네.
대화까지는 필요하지 않아. 가끔씩 미소를 던질 누군가만
있으면 되지.[25]

─────── 노먼 맬컴 〈비트겐슈타인의 추억〉

사람마다 그 사람만의 멋이 있어요. 그러니 나만의 속도로 터벅터벅 걸어가다가 내 눈에 들어오는 사람과 친구 하면 돼요. 없다고요? 잠시 학교라는 공간에서만 못 만난 것뿐이죠. 철학자 비트겐슈타인의 친구 노먼 맬컴처럼, 그 마주침 속에서 단 한 명이라도 친구들에게 미소를 보내는 그런 마주침이 있었으면 좋겠어요. 지금 당장 그런 사람이나 대상이 없다면 나의 조각난 세계를

메울 수 있는 타자를 찾는 연습을 하세요. 살면서 내 온 감각이 살아 있다는 것을 느끼게 해 줄 압도적인 타자가 필요해요. 근처 자연으로 가 보세요. 말로 표현할 수 없는 것들을 보며 감탄을 해 보세요. 언어로 표현되기 전의 그 무엇을 보는 거죠.

예를 들어 "와! 바……다다……."라고 말하기 전에 그 바다 말이죠. 쉽게 말해 '와 예쁘다.'라고 말하기 전의 그 감정을 계속 느껴 보세요. 칸트는 이런 압도적인 감정을 '숭고'라고 했어요. 이런 타자는 자연 말고도 문학, 음악과 같은 예술에서도 찾을 수 있어요. 철학자 프롬은 현대인들은 죽음의 충동 속에서 살아간다고 표현했죠. 상담을 하면서 다시 생각이 바뀌어요. 자살 충동은 어쩌면 나를 죽음으로 이끄는 것들을 차단하고 싶은 충동이 아니었을까요. 그러니까 숨 좀 쉬고 살고 싶은 충동의 동의어로 봐도 될까요. 그들은 자신의 생을 남들보다 더 예민하게 사랑한 걸지도 몰라요. 그러니 부디 여러 가지로 걸려 넘어진 청소년들이 자신의 삶에서 이런 타자를 만났으면 해요.

지금 당장 내 삶에서 떨어졌던 그 모든 것들을 다시 찾는 연습을 해 보세요. 그러려면 먼저 '낯섦'이 전제해야 하죠. 경쟁에 지친 친구들은 최대한 경쟁 상황이 적거나 없는 나만의 피난처를 만들어야 해요. 예를 들면 방학 때 소비만 하는 여행이 아니라 나만의 여행을 가 보세요. 어디 멀리 떠나는 것만이 여행이 아니에요. 내 삶을 낯설게 만드는 모든 것이 여행이에요. 비 오는데 우산 안 쓰고 돌아다니기도 해 보고, 돈 오천 원만 들고 서울 시내를 하루 종일 걷는 것도 좋아요. 마포대교 난간에 뭐라고 쓰여 있는지 속으로 읽어 보면서 한강 전체를 돌아다녀도 좋아요. 그냥 바람 쐬면서 음악 들으면서 아무 버스나 타고 종점에서 종점까지 가 보세요. 이렇게 그때그때 받은 스트레스를 모니터 속 시각에서만 풀지 말고, 밖으로 나가서 후각, 미각, 촉각으로 푸세요. 모니터에 갇힌 세계는 외로워요. 시각이라는 것은 세계와 거리를 두게 하니까요. 컴퓨터 모니터에 보이는 저 숲을 그저 관조할 게 아니라, 직접 가서 발로 흙길을 걷고 귀로 바람소리를 들으세요. 햇살이 나뭇잎 사이를 스쳐지나가는 그 찰나의 풍경을 온몸으로 겪고 오늘 하루를 버티는 에너지를 충전하세요.

기 드보르(1931~1994)라는 철학자는 이렇게 말했어요. "스펙터클 사회에서는 특권적인 인간 감각을 당연히 시각에서 찾는데, 다른 시대에 그 특권적 인간 감각은 촉각이었다."라고요. 이제 자신의 삶에 직접적으로 개입하세요. 그저 구경꾼만 하지 말고요. 어지러운 학교, 학원을 거쳐 다시 어두컴컴한 독서실로, 다시 닫힌 방으로 가서 자고 먹고 움직이는 동선에서 조금은 변주를 주세요. 기꺼이 시간을 내서 자전거도 타며 노을 보는 것도 삶에 촉각으로 개입하는 거랍니다.

타인은 지옥이면서 동시에 기적 😐

샘에게 상담을 요청하는 친구들은 매번 누군가에게 마음을 베인 채 와요. 그 아물지 않은 상처들을 들여다보고 있노라면 저도 모르게 나지막이 눈을 감게 돼요. 그 말 한마디, 그 싸늘한 눈빛 하나 때문에 그 친구들은 스스로 소멸해 갔거든요. 그들의 상황은 자꾸 어그러지고 버그러졌어요. 그 비루함의 속도를 늦추는 게 제 임무라 생각하며 오늘도 저는 그들에게 다가가요.

지나가는 시간을 붙들고 싶은 마음이 없는 이들과의 대화는 새벽마다 이어지죠. 그들에게 스쳐가는 시간은 무의미해요. 어제가, 오늘이, 내일이 그들에게는 모두 마지막일 테니까요. 그런데 정녕 시간이 하는 일이 없을까요? 시간은 눈에 보이지 않는 많은 일을 해요. 아무도 모르게 내 기억 속에 들어와 뾰족한 파편들을 몽글몽글하게 하죠. 어느새 시간은 내 심장에도 들어와 심장을 부여잡았던 그 힘을 옅어지게 해요. 몰랐던 시간을 다시 알게 해주고, 그렇게 눈물도 같이 흘리게 해요.

함께 대화하는 시간 안에서 친구들에게 마지막이라는 방점을 조금씩 도려내 주고 싶었어요. 허나 마지막만을 겨냥하는 친구들은 그럴 여유도 없었죠. 문자라는 수단은 그 벽을 넘기에는 어림도 없었어요.

너무나 오랫동안 길들여진 내 감정의 메마름이기에 하루아침에 촉촉해질 리 없겠죠. 그래도 물을 주세요. 고갈되어 바짝 말라가는 내 감정에 물을 주세요. 예전에 저도 지척에 펼쳐진 행운도 제 것으로 향유하지 못한다고 생각했었어요. 그것들을 잃고 나서야 알게 되죠. '사실 그게 좋았던 거구나.'라는 것을요. 그래요. 우리는 이렇게 모두 서툰 존재들일지 몰라요. 일상의 감사함도 연습해야 한다는 것을 상담하면서 알았어요.

기억이란 게 아예 없으면 행복해질 수 있을까요. 저는 수치스러웠던 기억으로 글을 쓰게 되었는데요. 사실 기억이라는 것도 시간으로 인해 자연스럽게 편집이 됩니다. 그러고 보면 인간의 기억이라는 거 참 모순적이죠. 이상하게 지우고만 싶은데 가까이 다가가 다시 열어버리고 싶기도 하니까요. 사르트르에 의하면 인간 주체는 원래 모순적이에요.

"타인은 지옥이다." 실존주의 철학자인 사르트르가 한 유명한 말이에요. 우리는 자유를 선고받았죠. 여기서 말하는 자유는 주체가 가지는 자유를 말해요. 원래 주체는 타자에 의해 대상화되어서는 안 되는데 안타깝게도 지구상에는 60억 명이나 되는 주체(대자존재)들이 있어요. 이때 문제는 복잡해지지요. 분명 다른 것에 대상화되어서는 안 되는 것이 주체라는 존재이지만, 주체와 주체가 만났을 때 서로가 똑같이 타자를 대상화하려고 하니까요. 다른 사람의 그 시선이 나에게 오는 순간 나라는 주체는 그 시선에 대상화되어 버리고 동시에 주체는 하락합니다. 사르트르는 이 모순적 상황을 타인은 지옥이라고 표현한 겁니다. 그러니 타인의 영역은 내가 어찌할 수 없는 영역임을 잊지 말고 타인에 의해 무너지는 스스로를 지켜 주세요.

하지만 그럼에도 불구하고 '우리는 걸을 수 있다.'는 말을 하고 싶어요. 만일 지금 폭우를 만나서 피하지 못해 빗속에 있다면 그 속에서 주저앉지 마시고 기어서라도 햇빛을 찾아갔으면 해요. 타인은 지옥이기도 하지만 동시에 '기적'이 되기도 하니까요. 사랑받은 만큼 그 기억만큼 사람은 살아지고, 그 기억만큼 나를 그제야 사랑할 수 있습니다.

요즘 들어 철학자 메를로퐁티가 이야기한 '인간은 최소 폭력으로 살아야 한다.'는 말이 자꾸 맴돌아요. 그는 우리가 신체를 가진 존재이기에 타자에게 항상 폭력을 행사할 수밖에 없다고 했어요. 자신도 모르게 언어로, 시선으로, 선입견으로 혹시 타자에게 폭력을 가하는 것은 아닌지 계속 생각하면서 살아가야 하는 이유이지요.

그 새벽 너의 카톡은

철학은 나에게
비겁하다고 한다.

샘, 저는 절대
미움 받을 용기 같은 거 없어요.
그런 용기는 어떻게 하면 생길까요?

미움 받을 용기가 없어요.
└ 남의 눈길을 덜 두려워하는 삶

남의 시선에서 당당해지고 자유로워지는 삶이라……. 그렇게 하루아침에 되는 방법은 없어요. 계속 생각해 봤지만 하루아침에 되는 방법은 없어요. 하지만 뻔한 정답은 있어요. 용기를 가지면 돼요. 그런데 그 용기를 가지려면 내가 한 번은 무너지는 경험을 해야 해요. 인간은 간사해요. 샘도 인간이 참 간사하다는 것을 자신에게서 발견했어요.

용기는 갑자기 생기지 않더라고요. 10년을 계속 고뇌하고 나 자신을 괴롭히고 자책하고 반성하죠. 내일은 타인의 시선 따위 생각하지 않고 자유롭게 살리라. 그런데 다음날 타인 앞에 막상 서면 그 시선들이 또 두렵죠. 사르트르가 말했듯이 타인은 지옥일 수 있으니까요.

친구들 학교에서 혼자 밥 먹는 거 두렵죠? 당연히 소화도 안 되죠. 내가 아웃사이더라는 것을 인정하기도 싫죠. 다른 애들은 재잘재잘 웃으며 떠들고 수업 끝나고 집에도 같이 가고 따로 잘 모이기도 하고 서로 집에도 놀러 다니죠. 그런데 나와는 이야기도 안 하고 피하는 느낌이란 말이죠. 답답하죠. 다 내가 이상한 사람이라 그런가 보다 하게 되죠. 내 탓만 하는 건 당연한 거예요. 상황이 그렇게 생각할 수밖에 없게 하니까요.

그런데 이렇게 생각해 보는 건 어떨까요? 그들과 나는 배치가 다르다고요. 철학자 들뢰즈가 했던 말들 중 좋은 게 많은데 여기서는 하나만 이야기할게요. '새로운 배치'라는 게 있어요. 들뢰즈는 '차이'를 많이 강조해요. 결국 지금의 나라는 존재는 수많은 차이들과 만나고 만나서 그 차이들의 종합이라는 거죠. 그리고 또 다른 차이들과 만나서 새로운 배치를 해 나간다는 겁니다. 이것을 '아장스망(agencement)'의 존재론이라고 해요.

예를 들어 볼게요. 겨울에 창문에 서리 끼면 입김 불면서 그림 그려 본 적 있죠? 그 창문의 서리가 갑자기 저절로 생성된 걸까요? 그 창문 안의 온도, 창밖의 온도, 그 안에 있는 사람들의 호흡, 방 안의 습도, 그 날의 미묘한 기후 변화와 대기 변화의 차이 등 원래 있었던 이 모든 것들이 다 새롭게 배치되어야 비로소 서리 하나가 창문에 생겨요.

나라는 인간은 아기라는 작은 존재로 이 세상에 던져졌어요. 한 살, 한 살 나이를 먹으며 이 사람도 만나고 저 사람도 만나면서 본인 스스로 존재 정립을 해 나가지요. 나만의 스타일, 나만의 가치관 등이 생겨나요. 그렇게 나만의 스타일도 재배치하면서 살아가지요. 그러다 지금 내가 살고 있는 동네에 왔고 그 동네에 있는 학교에 가게 되었고 배정받은 반에서 다양한 사람들과 마주치죠. 그런데 내 가치관과 맞는 사람이 한 명도 없을 수 있어요. 웃음 코드가 다를 수 있고요.

나는 이 부분에서 웃기지 않는데 어떤 애들은 또 막 억지로 웃어요. 사실은 웃는 척하는 거지요. 그런데 나는 그러기도 싫어요. 다 귀찮아요. 그래요. 다 괜찮아요. 그럴 수 있어요. 억지로 웃는 친구는 그 친구만의 생존 전략이고, 안 웃는 친구는 또 그것이 자신만의 삶의 방식이니까요.

보수적인 체계와 그런 시선만이 나를 괴롭힐 뿐이죠. '다들 잘 어울리는데 너만 왜 못 어울리느냐.' '그래 가지고 사회생활하겠냐. 네가 왕따 당하는 데는 다 이유가 있지 않겠느냐.'라면서요. 그럴 때는 '뭐 어쩌라고요.'라고 맞대응을 하세요. 그게 용기에요. 샘도 참 타인의 시선이 두려워요. 거절당하는 거 여전히 두려워요. 그런데 샘이 처음에 그랬지요? 사람은 참 간사하다고요. 샘은 20대 때 영업을 했었어요. 길거리 영업이요. 사람들 다 지나다니는 신호등 앞이나 공원, 아파트 입구나 엄마들 많은 놀이터 앞에서 가판을 깔고 지나가는 사람들을 붙잡았어요. 무슨 일이 있었을까요? 당연히 거절이죠. 누가 들어 주겠어요. 지나가는 사람을 붙잡았는데요. 하루에 수십 명의 사람에게 거절을 당했어요. 그런데 거절도 계속 당하다 보니까 이제는 거절을 안 당하고 오히려 친절하게 응대해 주면 그게 더 낯설었어요. 웃기죠? 그렇게 두려웠던 거절이 정말 거짓말처럼 아무렇지 않게 되더라고요. 그런데 7년이 지난 지금 그걸 다시 하라고 하면, 하긴 하겠지만 또 힘들긴 할 것 같아요. 사람이 이렇게 간사하답니다.

그 이후로 샘은 길을 지나갈 때 누군가 전단지를 주면 다 받아요. 그 마음이 무엇인지 아니까요. 그리고 그분들의 시간도 덜어 드리고 싶고요. 만일 누군가의 거절이 두렵다면 그 누군가에게 고백을 하고 부탁을 하고 거절을 당하세요. 그게 용기입니다. 힘들어요. 힘드니까 '용기'라고 하는 거예요.

남의 눈길을 두려워하지 않았던 철학자들

니체가 말하는 용기

니체(1844~1900). 독일의 철학자. "인간에게 중요한 것은 생을 사는 것이 아니라 내 과업을 완성하는 것이다."라고 말한 사람. 니체가 말하기를 비록 처음 시작은 별 볼 일 없이 작게 느껴지고 설렘이나 확신이 없었지만, 오히려 시간이 지나면서 명확해지고 확신이 생기는 과업이 '진짜 과업'이라 보았다. 그런 니체가 우리에게 묻는다. "당신만의 과업이 있는가?", "당신은 삶에서 단 하나의 작품이 될 것인가?, 아니면 그저 자본가에게 팔리는 상품이 될 것

그 새벽 너의 카톡은

인가?" 나만의 과업으로 삶에서 작품이 되려 했던 니체는 '용기'에 대해 이렇게 말했다. "용기란 그렇다면 다시 한 번 더!!!"

푸코가 말하는 자기 배려

푸코(1926~1984). 프랑스 철학자. 스스로 비정상이라며 자책하는 사람에게 당신은 비정상이 아니라고 말해 주는 철학자. 푸코는 정상, 비정상이 한 대상에 존재하는 것이 아니라 정상적인 담론, 비정상적인 담론만이 있을 뿐이고 그 담론은 시간에 따라 변하는 것이라 보았다. 흔히 다수의 사람들은 내가 정상이고 나머지 소수가 비정상이라고 착각한다. 또한 정상이 먼저 존재할 거라 생각한다. 하지만 비정상이 먼저 생성된다. 누군가 이게 비정상이라고 규정했기에 나머지가 정상이 되어버린다. 이렇게 비정상은 정상의 근거가 된다. 그러면 누가 비정상을 만드는가? 푸코는 권력과 지식과 담론이 비정상을 만드는 것이라 보았다.

그런 푸코가 말하는 자기 배려란 '나의 쾌락이 체제에 의해 형식화되어 있다는 진실을 깨닫고 자기 자신을 작품처럼 가꾸는 기술'이다. 푸코가 말한 대로 이제는 스스로를 부정하게 만드는 맹목적 자기계발이 아닌 스스로를 있는 그대로 긍정하고 잠재력을 안아줄 자기 배려를 해보는 것은 어떨까? 저서로는 『감시와 처벌』, 『말과 사물』 등이 있다.

라캉이 말하는 순수욕망

라캉(1901~1981). 프랑스 정신의학자. '인간은 타인의 욕망을 욕망한다.'고 했던 철학자. 라캉은 우리가 무엇인가를 욕망할 때 그것이 나의 욕망이라고 생각하지만, 사실 그것은 내 무의식에 자리 잡은 타자의 욕망이 발현된 것이라 보았다. 그래서 순수한 내 욕망으로 살아가기 위해서는 기존의 삶의 관성을 버리고 다른 사람, 다른 주체가 되어야 한다고까지 이야기했다.

이렇게 타인의 욕망에 따르는 삶이 아닌, 누가 뭐라 하든 내가 정한 나만의 이유로 살아가는 것을 욕망하라고 한 철학자 라캉에 따르면, 남에게 인정받으려 애쓰지 않을 때 오히려 해방이 찾아온다고 한다. 이제는 남들과 다르게 사는 것을 욕망해보는 것은 어떨까? 저서로는 『에크리』 등이 있다.

왜 나를 괴롭히는 걸까요?
왜 나는 어떠한 저항도 하지 못하는 걸까요.
나는 도대체 뭐가 두려운 걸까요.

왜 그들은 나를 괴롭히는 걸까요?
나를 지키는 용기에 대하여

적을 설정하면 우리는 동지가 된다.[26]

───── 칼 슈미트

살다 보면 내가 누군가의 적이 되는 경우도 있고 누군가를 적으로 만들어 놓고 우리끼리 동지가 된 적도 있지요. 참 저도 알다가도 모르는 영역이 바로 타인의 마음이에요. 예측 불가능한 영역이지요. 그런데 철학자들은 이 예측 불가능한 타인의 마음, 인간의 마음에 대해 한평생 연구를 했어요. 철학자 슈미트(1988~1985)는 '정치적인 것'과 '정치'를 구별했어요. 즉, 적과 동지라는 범주가 작동하면 그것은 정치적인 거예요.

생각해 보세요. 우리 모두 정치적인 기질을 가지고 있어요. 샘은 회사 다닐 때 동료들과 모여서 상사 욕 엄청 많이 했어요. 상사를 적으로 두고 우리끼리 동지가 된 거죠. 친구들도 선생님 뒷담화를 하면서 서로 더 친해지지 않던가요. 그런데 문제는요, 이 정치적인 것의 대립이 심각해지면 폭력으로 이어진다는 거예요. 친구들 왕따 문제 심각하죠. 샘도 문자를 통해 학교 폭력 피해자들의 심정을 글로 많이 읽었어요. 내가 적으로 몰리고 그들은 동지로 뭉치는 이 상황을 어떻게 대처해야 할까요? 그야말로 위기 상황이죠.

그런데 아무도 적으로 몰린 나를 도와주지 않아요. 모른 척한단 말이죠? 왜 그러는 걸까요? 단순히 사람은 이기적이어서? 앞에서 말한 것처럼 사람은 상황에 따라 악이 나올 수도 선이 나올 수도 있어요. 철학자 아감벤(1942~)은 '벌거벗은 생명'이라는 단어를 써서 이 부분을 설명해 줘요.

> 정치가 존재하는 것은 인간이 언어를 통해 자신에게서 벌거벗은 생명을 분리해내며, 그것을 자신과 대립시키는 동시에 그것과의 포함적 배제 관계를 유지하는 생명체이기 때문이다. [27]
>
> ——— 아감벤

그 모른 척하는 친구들은 벌거벗은 생명이에요. 그러니까 선불리 개입하면 나도 언제든지 적으로 몰려서 왕따를 당할 것 같은 두려움이 바로 벌거벗은 생명이 갖는 두려움이라는 거죠. 그리고 그 왕따시키는 무리 안에 있는 친구들도 사실은 그 무리라는 그들만의 공간 안에 속해 있어도 언제든지 자신도 적으로 몰려 벌거벗은 생명으로 돌아갈 수 있다는 두려움 때문에 그 폭력을 같이하고 있다는 겁니다.

그런데 우리는 이 두려움의 실체를 파악하지 못하고 배우지도 못하고 자각하지도 못하고 있어요. 그저 피해자는 '내가 왕따 당할 만한 이유가 있나 보다.' 하면서 수도 없이 자책하고 자해하고 자살까지 이어진다고요. 그리고 그런 폭력을 애써 외면했던 친구들도 자책을 하는 건 마찬가지더라고요. 그런 문자를 참 많이 받았었어요.

자, 그럼 어떡해야 할까요? 누군가 구조적으로 왕따를 당하고 있어요. 내가 볼 때 이건 아닌 것 같아요. 근데 나도 일단은 살아야겠어요. 모른 척하고 다수의 편에 서는 것을 선택할래요? 아니면 그 피해자의 손을 잡아주는 것을 선택할래요? 이래서 용기가 필요합니다. 사실 이 부분은 선과 악 사이의 선택이라기보다는 용기와 외면 사이의 선택이 되겠지요.

그리고 지금 적으로 몰린 친구들에게 해 주고 싶은 말이 있어요. 지금 친구는 정치적 공포에 있을 뿐이라고 말이에요. 사실 친

구란 존재 자체를 모두가 부정하는 게 아니라, 그저 그들만의 리그에서 친구를 정치적으로 이용하는 중이라고 말이죠. 그러니 자책하지 마세요.

벌거벗은 생명에 대한 불안감이 들면 성숙하지 못한 인간들은 누구나 정치적인 것이 작동해요. 운이 없게도 그게 친구에게 작동된 것뿐이에요. 그러니 이제 그 눈물을 거두고, 그 정치판을 갈아 엎자고요. 왕따는 친구뿐만이 아니라 누구나 지금 상담을 하는 저도 당할 수 있는 거라는 사실을 잊지 마세요. 신고를 해서 어른들의 도움을 받든, 주변인의 도움으로 그 판을 엎든, 아니면 차라리 전학이든 자퇴든 뭐든지 해서 떠나세요. 할 수 있는 건 다해 보자고요. 부디 억지로 참으면서 '내 탓'이라는 생각만은 하지 말아요.

한나 아렌트는 저서 『악의 평범성』에서 누구나 사유하지 않으면 악을 저지를 수 있다고 했어요. 경쟁으로 누군가를 이기는 것보다 타인의 입장에서 생각하는 방법을 먼저 몸으로 배우는 학교였다면, 왕따라는 정치적 행태도 덜했을까요? 우리 친구들에게 삶을 직접적으로 건드리는 철학자들의 책을 추천해요. 시간이 나면 아감벤, 푸코 같은 철학자들 책을 꼭 읽어 보세요.

학교에서는 눈물나고 울컥하는 감정들을 느낄 기회가 많이 없어요. 진짜 배워야 하는 건 세상을 바라보는 시각을 키우는 연습이고, 타인의 아픔에 공감하는 연습이어야 하는데 말이죠. 비겁하게 피하는 연습만 하고 있는 건 아닌지 모르겠어요. 친구들과 상담을 하다 보면 이런 마음이 절로 들어요.

'정말 어른다운 어른을, 나를 알아주는 지기(知己)를, 보기만 해도 가슴 터지는 사랑을 이 친구가 제발 만났으면 좋겠다.'

만일 학교가 지금 친구에게 인생에 필요한 것들을 주지 못하고 있다는 생각이 강하게 들면, 그리고 혹시 그 공간에서 왕따를 당하고 나의 가치가 심하게 훼손당하고 심지어 목숨까지 내 놓을 상황이라면, 그 학교라는 공간에서 나오세요. 학교를 다녔느냐 안 다녔느냐 하는 세상의 시선보다 하나뿐인 친구의 목숨과 가능성이 더 중요해요. 검정고시 등 대체 방안은 얼마든지 있으니 두려워할 필요 없어요.

정치에 배제된 청소년들. 감정을 지워야만 하는 그들 😕

청소년들은 정치에 배제되어 있어요. 자크 랑시에르(1940~)라는 철학자는 정치를 다음처럼 정의했어요. 정치란 '정치 바깥에서 배재된 자들이 정치 안의 몫을 주장하는 것.' 이것이 진정한 의미의 정치라고 말이죠.

상담을 하면서 정말 힘든 경우가 있어요. 학교 폭력, 가정 폭력, 성폭행, 성추행 등 각종 폭력에 노출된 당사자에게 신고 권유를 했을 때죠. 하지만 피해자는 신고를 원하지 않았어요. 그들의 거절의 답변 맥락은 비슷했어요. 문제만 더욱 키울 뿐이지, 해결이 안 된다는 것이죠. 자신만 다니던 학교에서, 일하던 알바 현장에서 이상한 소문만 나고 스스로 더 다칠 뿐이라는 겁니다.

그들이 신고 후 보복이나 복수보다 더 두려워했던 건 '자신이 기꺼이 용기를 냈음에도 아무런 해결도 되지 않는 것'이었어요. 그 친구들 입장에서는 제대로 해결된 선례들을 보지도 듣지도 못했기 때문이죠. 그 과정에서 상처받고 다치는 모습만 목격했을 뿐이죠.

그래요. 어차피 어른들은 장난 정도의 일을 왜 이리 키우느냐고 할 것이고, 학교는 소문 때문에 쉬쉬하고 은폐할 거 아니냐는 친구들의 물음에 저는 무슨 대답을 할 수 있을까요. 나만 믿어 보라고 쉽게 말할 수 있을까요.

기사나 판례를 찾아보면, 가해자가 '합의'를 요구하거나 법원에서도 미성년자라 소년 보호처분을 내리고, 학교는 미온적 징계에 그치니 말이죠. 그래도 맞서 싸우라고 내가 감히 말할 수 있을까요. 그렇게 그 친구들은 감정을 지웠어요. 저는 이 지점에서 철학자 슬라보예 지젝(1949~)의 이야기를 들려 주고 싶어요.

진정으로 용서하면서 동시에 망각하는 유일한 방법은 복수 혹은 정당한 처벌을 하는 것이다. 범죄에 대한 합당한 처벌이 이루어진 후 나는 앞으로 나갈 수 있으며 과거의 일에서 완전히 자유로워질 수 있다. 그런 면에서 범죄를

철학은 나에게 비겁하다고 한다.

철학자 지젝의 말처럼 가해자에 대한 정당한 처벌이 반드시 이루어져야 해요. 그래야 피해자는 과거의 일에서 완전히 자유로워질 수 있어요. 최근 소년법이 문제가 많이 되더라고요.

최근 경찰청 통계를 보면 2017년 만 14세~18세 학생이 저지른 폭력 범죄는 총 1만 6,000여 건이나 된다고 합니다. 강력 범죄도 지난 5년간 매년 1800건씩 발생했다고 하네요. 하지만 만 14세~18세 소년범은 만 10세~13세의 촉법소년과 달리 형사처벌 대상으로 분류는 되지만, 일반적인 형사 처분과 비교해 형량이 높지 않다고 합니다.[29] 설사 가해자들이 미성년자이고, 사회 구조적으로 사각지대였다 해도 자신보다 약한 친구를 일부러 잔인하게 괴롭힌 범죄는 엄하게 단죄해야 하는 게 먼저 아닐까요? 타인의 존엄성을 짓밟은 사람은 반드시 그 책임을 져야 합니다. 문득, 소설가 카뮈의 글귀가 생각나네요.

글 속에서 그 사람을 죽여라. 🙂

샘은 피해자들이 결단코 당당하게 살았으면 해요. 제안을 하나 할게요. 글 속에서 나를 소멸시켰던 그 사람을 죽이세요. 나에게 빌고 또 빌어도 절대 용서하지 않는 모습을 묘사하세요. 이렇게 글을 쓴다는 것은 나만의 세계를 만드는 거예요. 누구나 할 수 있지요.

나를 소멸시키게 했던 그 사람들을 모두 글 속에서 마음대로 무릎 꿇리고 죽이고 또 죽이세요. 그렇다고 실제로 사람을 죽여서는 안 됩니다. 추악한 인간들이 있다고 똑같은 인간이 되어서는 안 됩니다. 최소한 나를 지키세요.

제가 아는 지인은 어릴 때 자신을 괴롭혔던 사람이 아직도 너무 미워서 종이에 그 사람에 대한 글을 쓰기 시작했어요. 그 당시로 다시 돌아가 단죄하는 글을요. 그 괴롭혔던 사람은 나이가 들어 이제 이 세상에 없는데도 나는 아직도 그 사람이 미울 수 있거든요. 충분히 그럴 수 있어요. 사람의 마음은 고정되어 있지 않으니까요. 현실 세계에서 나를 피해자라 수근거리고 법도 나를 못 지켜 주지 못한다고 해도, 나는 나를 반드시 지켜야만 해요.

샘, 저는 완전히 무기력해요.
학교에서 선생님들이나 친구들의 불의를 보고도
아무 생각도 안 들어요.
그냥 원래 세상은 더러운 거니까 하고 넘어가죠.

모든 게 다 귀찮아요.

└ 진실을 말할 용기에 대하여

상담을 하다 보면 무기력한 친구들이 많아요. 냉소주의가 많이 보이더라고요. 바로 전장에 등장했던 철학자 슬라보예 지젝 기억하죠? 가해자에 대한 정당한 처벌을 요구했던 지젝은 냉소주의에 대해 이렇게 말해요. "나는 지금 내가 뭘 하고 있는지 알고 있다. 잘못된 줄 알면서도 하는 게 냉소주의다." 이게 불의라는 거 알아요. 알면서도 불의를 하는 거죠. 그래도 친구는 불의를 하는 건 아니니까 괜찮아요. 잠시 지쳐서 모른 척할 수 있어요.

문자 상담에서 친구들은 말해요. 지금 이 삶이 지겨워 죽겠다고 말이죠. 그때마다 말해요. 지겨운 게 당연한 거라고 말이죠. 아침부터 저녁까지 짜인 스케줄대로 살아온 거 아닌가요? 아니, 단체로 같은 속도에 통제되는 삶을 살아가고 있는데 지겹지 않을 수 있겠어요?

철학은 나에게 비겁하다고 한다.

이런 무기력에서 빠져 나오기 위해서는 '진실을 말할 용기'를 가져야 한다고 철학은 알려줘요. 진실이라고 하니까 무슨 국가 기밀 같은 거대한 진실만 말하는 게 아니에요. 그냥 나만 알고 있는 내 진실이요. 작더라도 진실은 진실이죠.

사고 실험 하나 해 볼까요? 아빠가 바람피운 것을 목격했어요. 어떻게 할래요? 나만 아는 이 진실을 엄마에게 말할 수 있어요? 용기가 언제 나오는 줄 아세요? 사랑해야만 나와요. 사랑하는 엄마가 속지 않고 주체적으로 잘 살았으면 좋겠고, 어차피 들킬 거 나중에 배신당해서 더 힘들어지는 것을 막고 싶다면 엄마에게 직접 이야기할 용기도 생기겠죠. "엄마도 엄마 인생 사시라고요." 반대로 사랑하는 엄마가 영원히 상처를 받지 않도록 바람 사실을 모르길 바란다면 아빠한테 경고하겠죠. "내가 알아요. 그러나 엄마가 상처받는 것을 지켜보기 싫어요. 그러니 엄마에게 절대 들키지 말고 잘 정리하시든가 아니면 엄마와 헤어지세요. 선택을 하세요."

누군가를 사랑하는 마음이 없으면 진실을 말할 용기도 생기지 않아요. 상처 받든지 말든지 상관할 바 없는 거죠. 사랑하지 않으니까요. 하지만 그러거나 말거나라는 식으로 세상을 대하면 무기력에 빠질 수밖에 없고 나를 지킬 수 없어요.

사실 이 '진실을 말할 용기'[30] 라는 말을 꺼낸 철학자는 푸코에요. 푸코야말로 어릴 때 무기력의 끝판왕이었거든요. 프랑스에서 부유한 의사 집안의 아들로 태어난 푸코는 엄마의 과도한 기대를 받으며 자랐어요. 어릴 때 푸코도 지금의 친구들처럼 타인의 기대 속에서 답답한 학교를 벗어나고 싶어 했어요. 공동생활에 적응도 못하고 자신의 성 정체성에 대한 고민도 하고 지적인 열등감도 계속 있었고요. 그래서 자살 시도도 많이 했어요. 그러다 어렵게 교수도 되고 쓴 책이 성공해서 유명해졌지만, 진짜 자신을 찾은 것 같단 느낌은 받지 못했어요. 그러다가 당시 프랑스 식민지였던 튀니지에서 자신의 제자들이 튀니지 독립운동을 위해 힘쓰는 모습을 보고 감명을 받아서 각성을 하게 됩니다. '진실을 말할 용기가 나는 없었구나.' 그즈음부터 푸코는 실제 정치 참여도 많이 하고 자신이 성소수자라는 사실도 숨기지 않아요.

철학자 칸트(1724~1804) 역시 종교가 지배하던 그 시절 종교를 비판하는 책을 죽기 직전에 냈어요. 죽기 직전에 자신이 하고 싶은 말을 '그럼에도 불구하고' 하고 싶었던 거지요. 그 책이 『이성의 한계 안에서의 종교』에요. 출간 직후 1794년 3월에는 칸트의 종교철학 저술의 유포에 대한 경고와 함께 국외 추방 소문까지 돌았었어요. 그때 칸트는 이런 말을 했답니다. "생은 짧고, 특히 이미 70년 넘게 보낸 생은 그렇습니다."[31]

진실을 알리려다 죽은 철학자도 있죠. 대표적으로 소크라테스가 있어요. 소크라테스는 시민이나 노예나 누구나 상관없이 '철학은 모든 사람을 위한 것'이라고 했어요. 그 시절 그리스 아테네는 수십만 명의 시민이 있었는데, 그 수만큼 노예도 많았습니다. 우리가 배우기를 아테네를 민주 정치의 기원으로 보는데, 제가 볼 때 아테네는 민주 정치가 아닙니다. 그들만의 리그지요. 그 당시 '민회'라는 시민 총회가 있었어요. 아테네 시민들은 민회에 갔어요. 민회에 가야만 시민으로서 더 인정을 받았으니까요. 그래서 민회에 가는 아테네 부잣집 도련님들은 소피스트들에게 돈을 주고서라도 화술을 배웠어요.

그런데 소크라테스는 민회 대신 '광장'으로 갑니다. 청년들에게 진실을 알리러 간 거죠. 산파술이라고 하죠? 가서 청년들을 붙잡고 계속 물어요. 너는 너 자신을 아냐고요. 네가 생각한 게 맞는 거냐고요. 그래서 나중에 청년들을 선동한 죄목으로 잡혀 옵니다. 하지만 사형을 집행하는 날 도망갈 수 있는 기회가 있었어요. 그런데 비루하게 도망가느니 그 자리에서 죽겠다며 독약을 마시고 죽은 겁니다. 거리의 투사죠. "악법도 법이다." 이 말을 많은 사람들이 기억하고 있어요. 정확히 소크라테스가 이 말을 했는지 문헌상에서 정확하지는 않아요. 그래도 이런 뜻 아닐까요?

생각해 보면 당시 아테네 시민들이 봤을 때 시민들만이 시민권을 가지는 게 법이었겠죠. 그러면 노예들이 시민권을 가지는 건 악법이겠지요. 그 악법도 법이라고 한 거 아니었을까요. 소크라테스는 자신이 민회가 아닌 '광장'에 간 이유를 아래와 같이 이야기합니다.

그 새벽 너의 카톡은

나는 여러분이나 나에게 도움이 될 수 없을 거라 생각되는 곳에는 발을 들여놓지 않을 겁니다. 단지 내가 가서 나에게나 많은 사람에게 도움이 될 수 있는 곳에만 발을 들여놓았습니다. 즉, 올바른 사람이 되기 위해 애쓰는 사람들이 있는 곳으로 발길을 옮겼습니다.

또한 내게 속해 있는 것들에 마음을 쓰기에 앞서 스스로 슬기로워지도록, 나라의 속해 있는 것에 마음을 쓰기에 앞서 국가의 일과 그 밖의 일에 대해서도 마음을 쓰도록 애써 왔습니다. 그럼에도 불구하고 이와 같은 일을 한 내가 어떤 형벌을 받아야 옳겠습니까?[32]

———— 소트라테스의 「마지막 변론」 중

내가 누구인지 알려면 내가 어느 지점에서 분노하고, 사랑하고, 욕망하는지 알면 됩니다. 이러한 감정들이 있으면 허무주의에 빠지지 않아요. 그리고 이런 나만의 분노, 사랑, 욕망을 긍정적으로 사용하면 용기도 생기고 진짜 나로 살게 됩니다. 샘의 경우, 힘들었을 때 결국 저를 살린 것은 지켜 주고 싶은 사랑하는 사람들입니다. 또 세상에 던진 질문에 답을 못 찾은 것에 대한 분노였으며, 다르게 살고 싶은 욕망이었답니다.

무기력의 적은 웃음이다. 😑

무기력의 적은 '웃음'이에요. 어떤 배우가 그러더라고요. "나는 사람들을 위로해 주기보다는 웃게 해 주고 싶다." 웃음에는 혁명성이 있다는 것을 아는 거지요. 웃는 것이 얼마나 강력한 것인데요. 그래서 독재자들마다 웃음을 지우려 애를 썼어요. 민주주의의 전제 조건은 웃을 수 있는 사회니까요.

하지만 세상은 여전히 매몰차고 벅차고 나에게 까다롭지요. 그래서 희망을 품는 것 자체가 사치라 여기며 표정은 더 굳어지고요. 그러나 사람은 하나의 독립된 세계에요. 그래서 행복한 사람의 세계와 불행한 사람의 세계는 다르지요. 밖에서의 세계가 튼튼하게 구성되어 있다 한들, 남들의 세계가 탐이 난들, 나의 세계까지 덩달아 좋아지지는 않아요. 세계와 나를 차단시키게 했던 것들을 풀어 주어야지요. 그 시작은 바로 웃는 거예요. 우울할 때 예능 프로그램이라도 보는 거 어때요? 되게 지칠 때 우연히 티비를 보는데, 나이 마흔 넘은 아저씨들이 초딩처럼 싸우는 모습이 웃기더라고요. 사람은 웃을 때 가장 예뻐요. 우리는 웃을 수 있는 동물이라는 것을 잊지 마세요.

그 새벽 너의 카톡은

바흐친이 말하는 웃음의 혁명성

바흐친(1895~1975). 러시아 철학자. 오직 구체적인 책임 안에서만 생을 제대로 의식할 수 있다고 말한 철학자. 주최자가 없는 자유로운 축제와 같은 카니발을 혁명의 도구로 본 철학자. 카니발에는 체제를 넘어선 풍자와 해학이 있고 웃음이 있다. 무기력이 아닌 웃음이 자기 혁명의 출발이라 본 사람.

자본주의를 살아가는 현대인들은 구조적으로 노동 소외, 실존 소외, 존재 망각, 무의미 등 여러 불안을 안고 살아갈 수밖에 없다. 그로 인해 삶을 관조하게 되고 권태, 무기력함, 패배의식에 빠지게 된다. 이제는 관성적으로 냉소와 허무주의에 빠지기보다는 억지로라도 웃어보는 것은 어떨까? 저서로는 『예술과 책임』, 『말의 미학』 등이 있다.

지젝의 냉소주의

슬라보예 지젝(1949~). 슬로베니아 출신의 철학자이자 문화비평가. 냉소와 냉소주의를 구분한 철학자. '냉소'가 권위나 부조리에 대한 해학적 풍자 및 건설적 비판이라면 '냉소주의'는 부조리한 현실을 알고 있지만 어쩔 수 없다며 수용해 버리는 비겁한 태도이다. 지젝이 보기에 오늘날 우리는 현실이 왜곡된 모순을 지닌다는 것을 이미 잘 알고 있다. 하지만 그러한 부조리함을 잘 알고 있음에도 나의 신체는 그것을 행한다.

그러면 어떻게 해야 할까? '세상은 원래 그래'라며 체념해야 할 것인가? 아니면 살아있지만 죽어 있는 자로 살지 않기 위해 나만의 감각을 깨워야 할까? 저서로는 『불가능한 것의 가능성』, 『자본주의에 희망은 있는가』 등이 있다.

철학은 나에게 비겁하다고 한다.

샘, 제가 무기력한 이유는
아무런 권한도 결정권도 없기 때문이에요.
우리 사회 진짜 민주주의 맞아요?

우리 사회 진짜 민주주의 맞아요?

철학자가 말하는 민주주의에 대하여

친구들, 민주주의가 뭘까요? 그냥 그 문자 그대로 직역하면 국민이 주인이 되는 것이죠. 자, 여러분 학교에서 주인이 된 적 있어요? 지금 하는 자유 학기제가 나에게는 별로 도움이 안 되니 정책을 좀 바꾸어 달라고 국회의원 찾아가서 이야기할 수 있어요? 지금 하는 입학 사정관 제도의 문제점을 보완하는 정책을 다시 만들어 달라고 탄원서 쓰면 바로 채택이 되던가요?

오늘은 저녁을 친구와 먹으며 놀고 싶으니 야자에서 빠지겠다 하면 선생님이 웃으며 "그래, 낮에 공부하느라 고생 많았다. 맛있는 거 먹으렴." 하시던가요? 담임 선생님의 발언권과 여러분의 발언권에는 힘의 차이가 있죠. 그러니 여러분이 다니는 학교에는 민주주의가 없어요.

그러고 보면 샘도 민주주의를 경험한 날과 장소가 많이 없네요. 직장에 들어가도 마찬가지였어요. 일개 사원인 나의 발언권은 존재하지도 않았지요. 시킨 일만 잘해 나가기도 벅찬 곳이 직장이기는 해요. 그래도 부당한 일이 있다면 같이 당하는 사람들끼리도 뭉쳐야 하는 용기는 있어야 하지 않을까요? 혼자 싸울 수는 없어요. 다치기만 하지요. 내부 고발자로 몰리고요. 어른들의 왕따에는 돈이 결부되어 있어서 지금 친구들이 하는 왕따보다 더 치사하고 지독하답니다.

그러고 보면 친구들도 애초에 같이 뭉쳐서 뭘 하는 법을 스스로 배워 본 적이 별로 없어요. 뭐 뭉치기야 하죠. 조별 과제 같은 거로요. 그러나 그게 스스로 뭉친 것이 아니라 다 점수, 입시와 결부되는 거잖아요. 우리 조가 잘해야만 하잖아요. 그것도 제로섬 게임이죠. 이기는 쪽과 지는 쪽이 있는 싸움이니까요. 그런 것으로는 연대를 배우기 힘들지요.

민주주의를 경험한 것을 국가적으로 보자면 그 선거 기간 딱 한 달 남짓에만 내가 주인이 되는 기분이었어요. 출근하려고 지하철로 바쁘게 뛰어가던 저에게 국회의원 후보님이 90도로 고개 숙여서 인사하더군요. 뵙기 힘든 분이 손수 명함도 주시고요. 그 이후로는 얼굴 볼 일이 없지요. 아직 투표권이 없는 친구들은 이것도 경험해 보지 못했겠군요.

그래도 정치적으로 보면 1인 1투표이니 한 달 정도 시민들에게 호소라도 하지요. 경제적으로는 민주주의일까요? 전혀 아니죠. 1인 1주식이 아니니까요. 그러고 보면 우리 친구들이 세상에 두려운 게 많은 게 당연한 거예요. 전쟁터 같잖아요. 내 힘으로 나를 먹여 살려야 하는데 민주적인 세상도 아니니까요. 상위 100개 기업이 국내 기업 부문 이익의 60퍼센트를 가져가는 반면 고용률은 4퍼센트죠.[33] 경제 민주주의는 아직 갈 길이 멀어요.

> 민주주의란 정치 바깥에서 몫 없는 자들이 정치 안의 자신의 몫을 주장하는 것이다.[34]
>
> ——— 랑시에르

철학자 랑시에르에 의하면 민주주의는 몫 없는 자들이 자신의 몫을 주장하는 것이 가능한 상황입니다. 이러한 상황이 가능하게 하려면 무엇보다 몫 없는 자들에 대한 감수성이 열려 있어야겠지요? 진정한 연대는 타자에 대한 감각을 내가 피부로 느낄 수 있을 때 가능하니까요. 나와 다른 이질적인 대상이더라도 마음을 열고 그들이 하는 말을 들어 주는 것, 이것이 민주주의의 시작입니다. 그래서 마르크스는 "모든 학문의 토대는 감성"이라고 했고, 루소도 "감각이 인간 정신의 원천"이라고 했나 봅니다. 그런데 과도한 경쟁으로 나와 다른 존재를 받아들이는 감수성이 무뎌지면 소외되어 있는 자들이 보이지도 않고 느껴지지도 않겠지요. 그러면 민주주의는 오지 않아요. 진짜 중요한 것은 소외된 그들, 몫이 없는 그들을 느껴야 그들의 손을 잡을 수 있으니까요.

주권은 나눌 수 없고 양도될 수 없다.[35]

───── 루소

우리 친구들, 그래도 2016년에는 정치가 재밌지 않았나요? 정말 기적과도 같은 진짜 민주주의를 실현하는 나날이었으니까요. 제가 이 촛불집회에서 주목하는 건 10대들이에요. 사실 어느 혁명 같은 사건의 시작에는 아름다운 청년들, 10대, 20대가 늘 있었어요. 사실 역사를 보면 3·1운동, 4·19혁명, 5·18광주민주화운동 모두 학생들이 첫 시작을 알리고 앞장섰어요. 2017년 3월 경산 문명고등학교가 국정 교과서 연구 학교로 지정되자 신입생 100명이 반대 시위를 해서 입학식이 취소되기도 했었죠. 이번 촛불집회 시작도 정유라의 부정 입학과 학교 내 비리를 폭로한 대학생들이었죠. 그 당시 정유라가 "돈도 실력이야, 네 부모를 원망해."라고 했을 때 똑똑한 학생들이 "대통령 지지율 떨어지는 것이 실력"이라고 맞대응했잖아요.

철학자 가라타니 고진(1941~)이 이런 말을 했어요. 인간은 아무리 설득해도 움직이지 않지만 구조적인 원인이 명백해지면 움

그 새벽 너의 카톡은

직이는 법이라고요. 촛불집회는 2016년 10월 29일 1차를 시작으로 2017년 4월 29일 23차를 진행하는 동안 단 한 명의 구속자도 사망자도 없었어요. 다시 이런 혁명이 나올까 할 정도로 아름다운 혁명이었습니다. 우리는 이제 대표가 잘못하면 또 이렇게 모일 수 있는 놀라운 시민들입니다.

하지만 평화 시위로 하는 혁명은 느려요. 느려도 해야지요. 그게 민주주의니까요. 간혹 상담하는 친구들 중에 경제적 사정이 어려워서 힘든 경우가 있어요. 저는 우선 수급권 신청하는 방법을 전달해요. 그러면 자존심이 많이 상한다거나 자신의 상황을 받아들이지 못하더라고요. 여러분, 수급권은 여러분의 당연한 권리에요. 부끄러워 할 필요가 전혀 없다고요. 만일 공무원이 수급권 받으려 하는 우리를 무시한다면 당당히 말하세요. 나는 헌법에서 보장하는 주권을 가진 국민이고 그에 상응하는 세금을 냈다고요. 여러분의 부모님이 냈고 여러분도 간접세는 태어나면서부터 계속 냈어요. 여러분이 편의점에서 사는 그 모든 것에 세금도 같이 있었어요.

미국인들이 독립운동할 때 내세웠던 구호가 뭔지 아세요? "바로 대표권을 주지 않으면 세금을 내지 않겠다."였어요. 그만큼 큰 권리가 여러분에게도 있어요. 군대에서 지금도 고생하는 고마운 군인들도 만일 군 복무 중 다쳤다면 당연히 국가가 보상해 줘야하지요. 의문사가 있었으면 진상 규명을 잘해야 하고요. 루소 말처럼 여러분의 주권은 나눌 수 없고, 양도될 수도 없어요. 이미 윤리 시간에 배웠지요? 혹시나 힘든 상황이 오면 윤리 시간에 배운 거 잊지 마세요.

철학은 사고 실험이니까 생각을 실험해 보죠. 제가 다니는 대학원에서는 재학생들끼리 돌아가면서 과대표를 아무나 정해서 의무만 줍니다. 그 의무란 단톡방에 공지 사항을 전달하거나 교수님에게 연락할 일 있으면 과대표가 나서서 하는 거지요. 번거롭기만 하죠. 과대표에게 권력은 없고 의무만 있으니까요.

만일 대통령도 이런 식이라면 어떨 것 같으세요? 물론 사고 실험입니다. 여러분 그거 아세요? 처음 미국에서 행정 수반직을 프리지던트(president)라고 명명하자고 했을 때, 그 프리지던트(president)는 평등하고 흔한 단어였다는 것을요. 첫 번째 시민, 혹은 시민의장이라는 뜻이었대요. 마치 과대표나 동호회장 같은 느낌이었다고 하네요.

청소년 여러분들 지금 선거권이 없지만 나중에 선거를 할 때, 지금 내가 주는 한 표가 얼마나 많은 권한을 한 대표에게 위임하는 것인지 꼭 생각하고 투표하세요. 마지막으로 소크라테스가 말하는 민주주의를 소개하고 마칠게요.

그 새벽 너의 카톡은

여러분, 체면에 관한 것은 무시하고라도 재판관에게 벌을 면하게 해 달라고 청탁하거나 청원하는 일은 옳지 못하고, 오히려 올바르게 가르치고 설득해야 한다고 생각합니다. 재판관은 누군가를 두둔하기 위해 그 자리에 있는 것이 아니라 옳고 그름을 판단하기 위해 있는 것입니다. 그들은 마음에 드는 사람이라고 해서 정실에 치우치는 일 없이 법률에 따라 공정하게 재판하겠다고 서약을 하였습니다. 그러므로 여러분께서는 서약을 어기는 버릇을 만들어 주어서는 안 됩니다.[36]

─────── 소트라테스의 「마지막 변론」 중

철학은 나에게 비겁하다고 한다.

샘, 저는 지금 이대로 사는 게 싫어요.
학교도 싫고, 집도 싫고요.
하루만이라도 자유롭게 살고 싶어요.

자유롭고 싶어요.
자유는 회피도 아니고 휴식도 아니다.

인간은 자유를 추구하기보다는 자유로부터 도피하고자
한다.[37]

———— 프롬

    혹시 '자유가 주는 기분'을 '자유' 그 자체와 혼동하고 있나요?
안타깝게도 '자유가 주는 기분'에는 책임이나 용기가 없습니다.
샘은 상담하면서 프롬의 철학이 계속 생각났어요. 사람들은 자
유를 원한다고 '말'만 한다고 해요. 친구들 중에서도 자유를 나의
존재에 대한 고찰 없이 먹고 자고 게임만 하는 걸로 착각하는 경
우가 있기도 하지요. 하지만 하루 종일 해 보면 알게 되지요. 얼
마나 사람이 무기력해지는지요. 사르트르는 이것을 "실존적 자유

의 부담을 선고받았다."라고 표현했답니다.

학교가 주는 그 체제의 답답함에서 벗어나면 자유로울 것 같지만, 그러려면 먼저 스스로 계획하고 공부할 용기, 자퇴생이라는 남들의 수군거림이나 시선에서 벗어날 용기가 필요합니다. 프롬이 "자유는 근대인들에게 독립성과 합리성을 가져다 주었지만 또 한편으로는 개인을 고립시키고 불안하고 무력한 존재로 만들었다."고 말한 이유는 바로 책임질 용기가 없기 때문입니다.

학교를 다닐지 말지, 전학을 갈지 자퇴를 할지, 부모님 말대로 공무원 시험을 볼지, 내가 하고 싶은 음악을 할지 매번 고민만 합니다. 용기를 가지고 선택을 하세요. 물론 이거 정말 힘든 거 알아요. 저도 결정을 진짜 못하는 사람이었는데 철학이 결단하는 법을 조금은 알려줬어요.

그 책임질 용기를 가지고 자유로워지는 경험을 한번 하면요, 그때 비로소 타인이 보여요. 알게 된답니다. 저 사람도 자유로울 용기가 있는 사람인지 아닌지를요. 그리고 내가 자유로워야 누군가를 사랑할 수 있다고 철학자들은 한결같이 말합니다.

니체가 『차라투스트라는 이렇게 말했다』에서 이런 말을 했죠. "너희들은 네가 알아야 될 것들을 감당할 용기가 있는가!" 생각해 볼까요? 니체가 말한 것처럼 만일 어떤 사람이 감당할 용기가 있어서 책임을 지고 자신의 인생을 자유롭게 산다면 그게 얼마만큼의 해방감일까요. 사랑은 당연히 하게 되지 않을까요? "지금 내 앞에 작은 문제도 해결을 못하고 비겁하게 외면하고 숨어 버리는 사람이 사랑을 할 수 있을까?"라고 철학은 지금도 샘에게 계속 질문을 던진답니다.

상담 중에는 사실 이성 문제나 사랑 관련 고민 상담도 많아요. 미성년자이지만 나는 나만의 사랑을 했고 그 책임도 내가 지겠다는 미혼모 친구의 상담 글을 보면 비장함까지 느껴져요. 그들은 서른 넘은 저보다 훨씬 더 어른인 겁니다.

칸트가 말하는 자유 😐

자유와 책임에 대해서 말한 유명한 철학자가 바로 칸트입니다. 《미스 함무라비》라는 드라마에서는 바로 이 자유와 책임에 관한 논제로 저를 건드리는 대사가 차고 넘쳤어요. 다음은 그 중 한 컷이에요. 사회적 약자인 사람이 자신의 개인적 한을 못 이겨 술을 먹고 만취 상태로 폭력을 일으켰고 그에 대한 처벌을 논의하는 장면입니다. 한번 읽고 같이 생각해 볼까요?

> 임 판사 : 고민 많이 했습니다만, 심신미약 감경……. 역시
> 해서는 안 됩니다. 전과 26범입니다. 거의 대부분이 만취
> 상태에서 일어난 폭력 행위이고요. 그런 사람이 만취할 때
> 까지 술을 마신 이상 이미 예견했다고 볼 수밖에 없습니다.
> 한 부장 : 뭐. 원인에 있어서 자유로운 행위다 이런 거구만.
> 임 판사 : 네 그렇습니다.
> 박 판사 : 노모가 자살하신 충격도 있고. 정상 참작할 만한
> 상황이…….
> 임 판사 : 아무리 힘든 상황이 있었다 해도 인간은 자신의
> 행위에 책임을 지기 때문에 존엄한 겁니다.
> (임판사 내레이션: 인간은 자신의 행위에 책임을 지기 때문에 존엄하다.
> 그런데 나약한 인간을 수렁 속에 방치하는 사회는 어떤 책임을 지는 걸
> 까…….)
>
> ───── 《미스 함무라비》 12회 중

"원인에 있어서 자유로운 행위다." 드라마 속 성동일(한 부장)의
대사에요. 판사들이 심판을 할 때 생각하는 기준이기도 해요. 근
데 이게 무슨 말일까요? 드라마 대사를 보면서도 철학자들이 했
던 생각과 연결 지을 수 있어요.

칸트는 『실천이성비판』에서 자유의 윤리학을 강조했어요. 쉽

게 말해 자유에는 책임이 따른다는 것이지요. 자, 또 사고 실험을 해 보죠. 만일 여러분이 조선 시대에 백정으로 태어났다면 신분제를 따라야 했겠죠. 질문할게요. 이게 윤리인가요? 지금의 잣대로 보면 신분제는 우리 사회 윤리에 벗어나죠. 시대가 바뀌었으니까요. 하지만 그 당시에 태어났으면 죽기 전까지 신분 제도에서 벗어나기 힘들어요. 즉 무슨 규범이 있는데 그냥 그것을 따르는 것은 자유도 아니고 윤리도 아니라는 것이죠.

자, 옛날 이야기는 그만하고 현실에 적용시켜 보죠. 또 사고 실험입니다. 제가 버스를 탔는데 기사의 급발진으로 그만 옆 승객의 발을 밟았어요. 그러면 이때 남의 발을 밟은 저의 행위의 책임은 저에게 있을까요? 버스 기사에게 있을까요? 버스 기사에게 있습니다. 저에게는 옆에 분의 발을 밟을 자유가 없었기 때문이지요.

또 다시 버스에요. 이번에는 상황이 달라요. 요즘에 버스에 일회용 컵이나 마실 거리를 들고 타면 기사가 승객에게 승차 거부를 할 수 있다고 공지하고 있지요. 하지만 저는 몰래 커피를 들고 버스를 타다가 기사의 급발진으로 그만 옆에 분에게 커피를 쏟았어요. 이번에도 저에게는 책임이 없을까요? 아니죠. 책임이 어느 정도 있어요. 이유는 커피를 쏟을 줄 알면서도 들고 탄 저에게 그런 일을 발생시킬 자유가 있었기 때문이에요. 우리가 흔히 말하는 '정상 참작'은 인간이 어디까지 자유롭고 어디까지 자유롭지 않았느냐의 싸움인 것이죠. 자유로워야만 책임을 물을 수 있고 자유가 있어야 윤리가 존재해요.

그러니 자유는 주말에 게임만 하고 늘어지게 노는 그런 휴식이 아니에요. 상담 때 대부분의 친구들은 자유를 원했어요. 학교에 가지 않을 자유. 그런데 말이죠. 자유와 같이 붙어 다니는 친구는 누구라고요? 바로 책임이죠. 그런 자유를 원한다면 그 반대 대가인 나만의 책임도 져야 해요. 그래서 자유는 무거운 단어인데, 이것을 잘 모르는 친구들이 많더라고요.

옛날 왕이라고 자유로웠을 것 같나요? 사극만 봐도 아닌 게 뻔히 보이죠. 자신의 왕권을 지키려고 얼마나 부단히 노력해야 했는데요. 정조도 노론의 대체 세력을 만들기 위해 실학파들을 등용했잖아요. 그 시절도 국왕이 가장 무서웠던 건 밑에 신료들 다 못하겠다고 두 손 두 발 들 때가 아니었을까요?

혹시 아무런 생각 없이 남들 따라 모르면서 욕한 적 있지 않나요. 악성 댓글 달고요. 내가 하는 행위, 내가 하는 말에 어디까지 나의 자유가 있는지 늘 먼저 파악하고 움직여야 해요. 그 자유의 범위만큼 내 책임이니까요. 그래서 드라마 《미스 함무라비》 속 임 판사가 만취 상태에서 폭력을 저지른 사회적 약자에게 정상참작을 적용하지 않았던 거예요. 그럼에도 임 판사가 속으로 한 내레이션은 우리에게 더 아픈 철학적 사고를 하게 하지요. 끝으로 자유와 책임을 강조했던 프롬이 말하는 '자신을 증오하지 않는 법'을 같이 읽어 볼까요?

인생의 목표는 삶에 열중하고 완전히 태어나고 완전히 깨어 있는 것.
우리가 세상에서 가장 소중한 존재이긴 하지만
벌레나 풀보다 소중하지 않다는 역설을 받아들이는 것,
삶을 사랑하는 한편 죽음을 두려움 없이 받아들이는 것.
삶에서 마주치는 중대한 문제들에 대해 불확실한 상태를 받아들이는 것.
그럼에도 우리의 생각과 감정을 믿는 것.
혼자 있을 수 있는 동시에 사랑하는 사람, 이 땅의 동료, 살아 있는 모든 것과 하나되는 것,
양심의 목소리를 좇고 자신에게 외치는 목소리를 따르는 것.
그리고 우리가 그 목소리를 좇지 않을 때
자신을 증오하지 않는 것이다.[38]

———— 프롬

　　　　　　　　　그 새벽 너의 카톡은

철학은 죽음을
미리 연습하는 것이다.

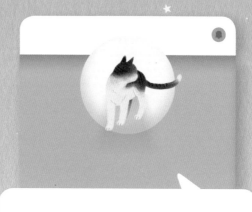

샘, 그냥 제 몸을
마음대로 하고 싶어요.
왜 하면 안돼요?

자해하고 싶어요.
죽음을 잊지 않는 것에 대하여

　제가 철학을 좋아하기 시작했던 지점은 제 삶에 모순을 만났을 때였습니다. 이 삶이 누구를 위한 삶이었는지 헷갈리던 날이 있었죠. 살다 보면 누구나 그런 날이 있어요. 물질적으로 나를 보호하던 것들을 빼앗겼을 때, 맨몸으로 어딘가에 서 있어야 했을 때 말이죠. 모든 화살이 다 나에게 온 것만 같은 순간. 그때 알았어요. 너무 아프면 울음소리가 나지 않는다는 것을요……. 간혹 새벽에 온 상담 문자에서 그런 것들이 읽혀질 때가 있어요. 그들은 지금 행여나 누가 들을 새라 숨죽여 울면서 이 카톡을 쓰고 있는 거구나……. 그러면 전 생각하죠. 사람이 안 아플 수는 없을까. 매 순간 생각해 보았지만 그런 삶은 없는 것 같아요.

너무 낯선 내 안의 타자, 자해 😔

인간 존재는 인정받고자 하지 않으며 오히려 부인되기를 원한다. 인간 존재는 존재하기 위해서 자신에게 이의를 제기하고 때로 자신을 부인하기도 하는 타자를 향해 나아간다. 그 결과 인간 존재는 자신이 될 수 없다는, 즉 자기 또는 분리된 개인으로서는 존속할 수 없다는 불가능성을 의식하게 만드는, 상실의 체험 속에서 존재하기 시작한다. 따라서 인간 존재는 자신을 항상 미리 주어진 외재성으로, 여기저기 갈라진 실존으로 체험하게 된다.[39]

———— 블랑쇼

철학자 블랑쇼가 지적한 것처럼 인간이라는 존재는 때로는 나 자신을 계속 부인하는 타자를 만날 수 있어요. 간혹 잔혹할 정도로 지나친 내 안의 타자가 나타날 때가 있죠. 자해를 하거나 자살 충동이 바로 그러한 타자입니다. 자해를 하고 싶다는 상담 문자를 많이 받아요. 그럴 때 저는 이렇게 느껴져요. '지금 이 친구는 혼자 무인도에 있구나.' 가족과 같이 살아도 무인도에 사는 경우가 많아요. 옆에 사람이 이리 시들어 가는 것을 가족도 친구도 아무도 보지 못했을 겁니다. 그리고 그 친구는 그들 옆에서 아마 수만 번 무너졌을 겁니다. 사람은 쉽게 움직이지 않아요. 어떤 행위를 하는 데에는 그만한 이유가 있어요.

자해를 대체할 유쾌한 파멸 😶

혹시 지금 일정 정도 이상 수위의 화가 치밀고 감정을 주체하지 못할 정도로 힘든가요? 울컥하고 파멸하고 싶은 감정은 일정 정도 시간이 지나면 목적성을 잃어요. 방향을 잃은 그 어마어마한 에너지는 자기 자신에게 가해지거나 다른 누군가에게 가해지게 됩니다. 사회 구조가 남기는 에너지든, 타자의 폭력의 에너지든, 여러 에너지를 받아들이면서 현대인들은 몸속에 과잉 에너지가 쌓여만 가지요. 이때 폭발적으로 이런 과잉 에너지를 확 소비하는 것이 필요해요. 철학자 조르주 바타유(1897~1962)는 과잉 에너지를 적절하게 소진하지 못하면 우리는 공멸할 수밖에 없다고 했어요. 이를 테면 대가 없는 상실, 무조건적 소비는 세계의 존재 조건이라고 했지요.

지구에는 항상 잉여, 즉 과잉 에너지가 발생할까? 그것은 일체의 '성장'의 근원인 태양빛이 대가 없이 주어지기 때문이다. 하지만 모든 생명체는 생명을 유지하는 데 필요한 에너지보다 더 많은 에너지를 받아들이며, 에너지의 초과분을 체계, 예컨대 신체의 성장에 쓴다. 문제는 성장이 다다랐을 때이다. 그때부터 초과 에너지는 반드시 대가 없이 상실되고 소모되지 않으면 안 된다. 그렇지 않을 경우, 생명체는 비극을 맞는다.[40]

지나친 경쟁에 내몰리고 항상 스스로를 성적으로 증명해야 하는 우리 친구들에게 억압의 에너지라는 것은 항상 과도하게 들어올 거예요. 불필요하게 쌓인 이 과잉 에너지를 반드시 풀어야 해요. 그 초과 에너지 상실의 방법으로 자해를 하는 것일지 모르겠어요. 하지만 이것은 불유쾌한 파멸이에요.

바타유에 의하면 살아 있는 유기체에게 과잉된 에너지는 필연이기에 어찌되었든 파멸은 일어난다고 해요. 이러한 파멸은 인구가 급격하게 올라갔던 시점에 두 번의 세계전쟁이 일어난 것처럼 재앙을 부르는 불행한 파멸도 있지만, 유쾌한 파멸의 방식도 있다고 해요. 바타유는 직접 전쟁 등 불유쾌한 파멸을 겪고 보았기에 더더욱 유쾌한 파멸을 제시했어요. 그렇다면 유쾌한 파멸은 무엇일까요?

기본적으로 파멸이라는 것은 내가 가진 것이 반드시 대가 없이 상실되고 소모되는 것을 말해요. 불유쾌한 파멸이 비자발적으로 가진 것을 빼앗기고 다소 폭력적인 방식으로 자신과 타인을 죽음까지 이르게 한다면, 유쾌한 파멸은 자발적으로 내 것을 기꺼이 줘 버리거나 폭력이 아닌 다른 방식으로 과잉 에너지를 푸는 것이지요. 즉, 완벽하고 순수한 상실이 필요해요. 예를 들어 돈이 많으면 많을수록 누가 내 것을 빼앗아 가지는 않을까 전전긍긍하게 되니 가뿐하게 기부를 해 보기도 하고, 살이 불필요하게 많으면 운동을 해서 태워버리기도 하고, 나를 휘감는 감정이 많으면 스스로 자책하거나 타인에게 짜증내기보다는 글로 욕을 풀어놓는다거나 두더지 잡는 게임을 통해 망치질이라도 해서 에너지를 소모시키는 거지요.

시를 한 번 써보기를 권유해요. 메를로퐁티는 시를 실존의 변주라고도 했고, 바타유는 나만이 느끼는 고유한 세계를 표현할 수 있는 방법은 문학밖에 없다고도 했고, 불가능에 접근하는 유일한 방법이 시라고도 했지요. 나만이 쓸 수 있는 시를 지어 보세요. 그 속에서 금기도 깨고 평상시라면 하지도 못했을 언어도 풀어놓고요. 그러는 사이 격동의 에너지는 완전히 소모되게 될 겁니다. 또한 불필요한 옷이나 책이나 여러 가지를 버려 보세요. 주변 사람에게 선물을 해도 좋고요. 정리하자면, 매사에 짜증나고 분노에 쌓여 있다면 내 안에 불필요하게 축적된 이상한 에너지가 있다는 것입니다. 이 에너지를 자해와 같은 폭력적인 방법 말고 유쾌하게 파멸시켜 볼까요?

메멘토 모리(죽음을 잊지 않는 것에 대하여) 🙂

혹시 자해를 해서 그 상처를 보여 주거나 그런 사진을 노출하는 것이 아직도 인정 투쟁으로 보이나요? 자해로 힘들어하는 친구들과 대화를 많이 했는데 그것은 아닙니다. 정말 살기 위해 하는 겁니다. 무인도에서 계속 외치는 거예요. 나는 살아 있다고요.

손목을 긋는 행위는 죽음 그 자체를 원하는 것과는 조금 다르다. 그렇다면 왜 그런 행동을 하는가? 그것은 통증을 느끼거나 피를 봄으로써 죽음이라는 것에 좀 더 다가가 자신의 신체나 생명을 재확인하기 위해서다. 대부분 자상 행위를 한 직후에 마음이 홀가분해졌다고 말하는 것은 메멘토 모리(죽음을 잊지 않는 것)에 의해 조금은 살아갈 힘이 회복되었기 때문이다. [41]

그러니까 저와 상담했던 자해한 친구들은 아픔에도 불구하고 기꺼이 죽음의 근처에 다가가서 다시 살아 있음을 확인하는 과정이었던 겁니다. 혹시 이 글을 읽고 있는 분들 중 주변에서 자해를 하거나 자상을 하는 친구가 있다면 아마 무조건 말리기만 했을 거예요. 사람의 마음이라는 게 막아진다고 막아지는 것도 아닌데 말이죠. 그 마음이 무슨 마음이었는지 알아보는 노력이 먼저 아닐까요?

사람들이 그들을 섣불리 판단하는 것은 그들이 의미하는 바를 모르기 때문입니다. 자해 없이는 견디지 못할 바로 그것이 있기에 하는 겁니다. 그것은 본인만이 압니다. 그러니 자해는 타인이 막느냐 안 막느냐의 문제가 아닙니다. 자해는 정신과 의사 이즈미야 간지 말처럼 죽음을 잊지 않는 하나의 의식일 수 있어요. 우리는 죽음을 너무 쉽게 잊고 살아요. 죽음을 잊지 않는 의식이 자해라면 조금 안전한 방법으로 메멘토 모리(죽음을 잊지 않는 것)를 하는 것은 어떨까요? 친구만의 안전한 메멘토 모리는 뭔가요?

어느 날 찾아 온 메멘토 모리 ☻

지금부터 글을 읽으며 상상해 보세요. 어느 날 아침 내 눈에만 보이는 꼬마가 나를 찾아와서 이런 말을 해요. "너는 오늘 저녁에 죽을 거라고요." 정확한 시간까지 알려줘요. 우주의 시간이 그러니 더 이상 자신에게 이유는 묻지 말라고 하고는 사라지죠. 지금부터 남은 시간은 단 8시간. 무엇을 할 건거요? 이대로 그냥 학교에 등교할 건가요? 아니면 어디로 갈 건가요? 무엇을 먹을 건가요? 그리고 누구를 만날 건가요? 만난다면 그 사람에게 무슨 말을 마지막으로 남길 건가요?

그렇게 나는 학교로 향하는 버스에서 내려, 부랴부랴 엄마가 일하는 식당으로 달려갔어요. 저 멀리 엄마의 두툼한 등이 보여요. 점심 준비를 하느라 무지 바빠 보여요. 그런데 이상하게 오늘은 몸이 쉽게 움직이지 않아요. 들어가면 그대로 다 말해버릴 것만 같아서요. 그러면 엄마는 일은 커녕 내가 죽기 직전까지 울 것 같으니까요. 8시간 남았는데 그 시간 동안 만큼은 웃게 해 주고 싶다는 생각이 들더라고요.

한참을 양파며, 고추며 재료를 손질하는 엄마를 바라봐요. 엄마는 참 1시간 넘게 똑같은 자세로 그러고 있어요. 등은 굽은 채 미동이 없고 간혹 벽에 있는 시계만 보더라고요. 그러다 드디어 일어서서 허리 한 번 펴요. 문득 매일 저랬을 엄마가 눈앞에 그려지더라고요. 그 순간 문자가 와요. 왜 학교 안 오냐는 담임 선생님의 문자에요. 답할 힘도 이유도 없어요. 7시간 뒤 나는 여기 없으니까요. 어차피 잘되었네요. 오늘 수행 평가 조별 발표가 있는 날이었거든요. '그까짓 거 안 하면 그만이었구나.'라는 생각에 처음으로 피식 웃었네요.

그때 엄마가 갑자기 문 밖으로 나왔어요. 다행히 내가 있는 곳은 건너편이라 옆 버스 정류장 간판 뒤로 몸을 숨겼어요. 그러고는 갑자기 다리에 힘이 풀렸어요. 그대로 주저앉아 생각해요. 이상했어요. 매번 죽고 싶다고 위클래스 상담샘 힘 빠지게만 했던 내가 왜 이러죠. 알 수 없이 미칠 것 같아서 새벽마다 팔을 그리커터 칼로 그어댔는데, 왜 오늘은 흐르는 시간을 붙잡고 싶죠? 나도 모르게 중얼거리고 있더라고요. 꼬마야, 다시 와 달라고요. 나 겨우 고작 18년밖에 못 살았다고요.

꼬마야, 살면서 숨막히는 일만 있었던 줄 알았는데 아니었어. 왜 하필 지금 좋았던 순간들이 생각나는지 나도 모르겠어. 지금 생각해 보니 나 소풍가기 전날 식당일로 힘들었을 텐데도 김밥 재료 사 가지고 와서 다음날 새벽에 김밥 싸주던 사람이 엄마였어. 오늘이 정말 마지막이라면 저 식당에서 엄마가 해 준 밥이라도 먹어야겠다. 오늘 그런 엄마에게 어떤 기억을 줄 수 있을까, 어떤 추억을 남겨야 엄마가 울지 않고 살아갈 수 있을까. 지금 내 기억들도 몇 시간 뒤에는 흙속으로 공기 중으로 사라지겠지. 엄마와 마지막 밥 먹는 기억만이라도 가져가면 안 될까? 보고 싶을 것 같아.

아니야, 내가 잘못했어. 매일 죽게 해 달라고 말한 거 지금이라도 취소할 수 있을까. 나 도저히 이 퉁퉁 부은 얼굴로는 저 식당에 못 들어가겠어. 엄마를 만나면 난 뭐라고 해야 할까. 먼저 가

철학은 죽음을 미리 연습하는 것이다.

서 미안하다는 말밖에 지금 생각나는 말이 없어. 나는 그동안 내가 먼지 같은 존재라고 생각했어. 근데 아니었어. 내가 누군가에게는 삶의 전부일 수도 있다는 사실을 지금에서야 알아 버렸어. 나 어쩌지 꼬마야, 바보같이 지금에서야 생을 다시 붙잡고 싶어졌어.

그때 내 앞에 다시 꼬마가 나타났어요. 이 글을 읽고 있는 여러분이 '나'라면 꼬마에게 뭐라고 하겠어요?

그 새벽 너의 카톡은

비트겐슈타인(1889~1951)

오스트리아 태생의 영국 철학자. 자신의 삶에서 확실성을 얻고자
했던 사람. 삶의 확실성이란 스스로가 옳다는 믿음을 끝까지 논리
적 사고로 증명하는 성실함으로 인해 발현된다. 배우가 연습을 통
해 연마해야 더 좋은 작품이 탄생하듯이, 사람에게 언어는 제대로
말할 수 있을 때 말해야 자신의 생이 확신으로 미소 지을 수 있다
고 보았다. 언어에 대한 감수성이 세계에 대한 감수성이기에. 그
래서 '내 언어의 한계는 세계의 한계다.'라고 말한 철학자. 이렇듯
자신만의 언어로 자신의 삶의 가치를 만들어 나가기를 원했던 철
학자.

하지만 그렇게 나에 대한 확실성을 세운 뒤에도 타자가 개입하면
내가 세운 확실함이 무너질 수도 있다. 그럴 때는 타인에게 기꺼이
미끄러질 줄도 알아야 한다. 그렇기에 기꺼이 타인에게로 가서 '내
가 세운 확실성은 타자에게는 확실하지 않다.'라는 차이를 발견해
야 한다고 주장한 비트겐슈타인. 결국 그가 찾는 확실성이라는 것
은 '세상에 모두에게 적용되는 답 따위는 없다.'라는 확실성 아니
었을까? 저서로는 『논리-철학 논고』 등이 있다.

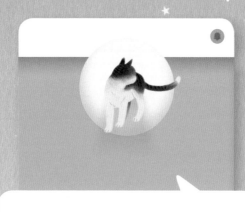

샘, 진짜 사는 게 죽기보다 어려워요.
쉽게 내린 결정 아니에요.
왜 막으시는 거죠?

저 죽을게요.

↳ 위기는 기회가 아니라 위기다.

누군가 자신의 세계를 끝내 버리는 결단을 내려요. 그 결단을 내리기까지 얼마나 힐난한 과정이 있었을까요. 절대 쉽게 생각한 것이 아니었던 것이죠. 어쩌면 죽는 것보다 사는 것이 더 두려운 사람들이 있어요. 죽을 용기로 살라는 말은 그들에게는 폭력입니다.

어제도 오늘도 내일도 계속 반복되는 죽음의 충동 굴레에서 친구들의 핸들을 꺾어 주고 싶어 급급했던 저는 그들과 그 새벽에 360도 유턴을 그렇게 해댔어요. 그들에게는 마지막 선택인 그 죽음을 우선은 막으려고만 했으니까 말이죠. 제자리걸음만 하는 기분이랄까요. 죽음이 최선의 선택이 아니었음을 알게 해 주는 한 명의 사람이 먼저 되어야 했던 것도 모르고요.

스스로를 다그치고 홀대하는 사람들…… 그들에게 어떤 위로가 필요한 것일까요. 매분 매초 곱씹어요. 어느 날은 그저 답이 정해져 있는 사람처럼 그들이 원하는 답을 해 주기도 하고, 어느 날에는 그저 이래저래 사는 이야기를 하기도 했어요. 지나고 나서야 알았어요. 그런 것도 상담이라는 것을요. 어쩌면 자신의 이야기를 얼굴도 모르는 누군가가 알고 있다는 것만으로도, 그것을 들어줬다는 것만으로도, 그 친구들에게는 다음날 하루를 지탱하는 힘이 되기도 했으니 말이죠. 그런 식의 상담은 군더더기 없는 삶만을 바랐던 저에게 사실 군더더기가 많은 삶의 필요를 알려 주는 거울이기도 했어요.

저도 그랬던 것 같아요. 심장이 타는 것 같은 마음이었지만 홀로 끌어안은 채 내뱉지 못했던 비밀들을 글로 실컷 풀어놓았더니 저절로 위로가 되었거든요. 인생은 자기 증명의 여정 같아요. 자살이 한 인간의 자기 증명일 수도 있죠. 나는 이렇게 살다 가겠다는 외침이었던 걸지도 몰라요. 그들의 자기 증명을 어떻게 자살 말고 다른 걸로 대체하게 할 수 있을지가 저에게는 숙제였어요. 그러려면 아주 잠시라도 굳은 자신의 표정을 말랑거리게 해 주는 그 무언가를 계속 만나야 해요. 그게 사람이든 시든 영화든 소설이든 노래든 간에 말이죠.

길을 잃었다고 나까지 잃지는 마세요. 프롬은 말했어요. 인생의 본질은 질문이라고요. 그래서 오늘도 자신의 삶을 끝내려 하는 친구들에게, 내 몸을 그어서라도 버티는 친구들에게 질문을 던집니다. 세상에 대해 궁금한 것 없냐고요. 죽을 마음까지 들었다면 결코 그 마음이 가볍지 않았더라면 이야기해 줄 수 있지 않느냐고 말이죠.

저는 또 질문합니다. 지금 보고 싶은 사람 있냐고요. 사실 나의 죽음은 그렇게 두렵지 않아요. 죽으면 나의 세계는 끝이니까요. 고대 그리스 철학자 에피쿠로스(B.C. 341~B.C. 270)도 죽음에 대해 이런 말을 했죠. "우리가 존재하는 한 죽음은 오지 않고, 죽음이 오자마자 우리는 더 이상 존재하지 않는다."[42] 결국, 내가 죽고 나서 남겨진 사람들이 두려운 거지요. 제가 앞서 메멘토 모리에서 묘사한 것처럼 나의 죽음보다 내가 사랑하는 사람의 남겨진 삶이 더 두려운 법입니다.

사실 문자 보낸 친구들의 언어만 가지고 그들 살갗 안으로 들어가기 힘들어요. 하지만 그 새벽 시간에 제가 그들에게 먼저 해야 하는 건 '존중'이었어요. 그들 나름의 자기 증명에 대한 존중 말이죠. 왜 자살을 하느냐 다그치는 무수한 다그침에 지쳐 여기까지 온 사람에게 똑같이 할 수는 없으니까요. 중요한 것은 죽음에 대한 그들의 생각을 객관적으로 이해하는 데에서 그치는 것이 아니라, 죽음에 대해 그들이 갖는 그 느낌을 존중하는 것입니다.

사람이 직면을 한다는 건 참 아프죠. 내 결핍을 마주하는 과정이니까요. 여러분만 직면하는 게 아니라 서른 지난 어른도 매번 직면해요. 제대로 직면하느라 아픈 친구들과 문자를 할 때면 저도 같이 가슴이 저려요. 그들에게 나를 방치하고 싶을 땐 방치해도 된다고 말해 주고 싶어요. 잠시 그럴 때도 있는 것 아닐까요. 그런 시간이 무의미하다고 세상이 규정했어도 내 인생 시간에서 주인인 내가 허락하면 그만 아닐까요. 있는 그대로 바라보는 중이니까요. 불완전한 나란 존재를 제대로 들여다보고 있는 중이니까요. 원래 나 자신과 싸우는 게 가장 힘든 법이니까요.

한참 상담 중인 새벽 5시. 매 순간 해뜨기 전을 경험해요. 감감하다가 한 1, 2분 남짓 사이 눈앞에 노을 비슷한 풍경이 펼쳐지지요. 아주 잠시 넋을 잃고 그 하늘을 바라볼 때가 있어요. 참 매번 반복되는 시간인데 뭔가 차오르는 알 수 없는 감정이 나타나요. 그 감정으로 죽겠다는 문자를 하는 친구에게 답장을 해요. 지금 하늘 한번 올려다보라고요. 참, 인생은 진짜 뭘까요. 같은 시간, 같은 하늘 아래에 널뛰는 감정들은 수억만이죠. 간절함도 제각각이고요. 이럴 때 하루가 낯설어요. 그 아침이 매번 반복되는 아침이 아닌 것 같은 이상한 기분이죠. 제가 느끼는 이 기분을 지금 상담받는 친구도 느끼길 바라며 그렇게 시간은 또 흘러요.

생각해 보면 우울을 달래줄 재료들은 제자리에 늘 있었어요. 붉으락푸르락했던 하늘도 재료가 될 수 있지요. 샘은 어느 날 스스로에게 이렇게 말했어요. '아, 나 너무 무겁게 살았구나…….' 봄날에 공원 산책하듯 살다 가도 되는데 말이죠. 가벼운 돗자리 하나 메고 산책하듯이 살아도 돼요. 비 오고 난 뒤 무지개가 피고 지는 것처럼, 수려한 꽃이 바람결에 흩날려 피고 지듯이, 우리 같이 살아볼까요.

위기는 기회가 아니다. 위기는 위기다. 😕

진짜 위기에 빠진 사람들이 생각하는 것은 버티거나 죽거나 둘 중 하나입니다. 겪어 보니 위기는 위기더라고요. 시간이 많이 흘러서 그 위기의 상흔이 옅어졌을 때, 그때서야 위기는 기회였다고 말할 수 있는 것이겠지요. 현재 위기에 빠진 사람에게 '위기는 기회다.'라고 하는 것은 다소 계몽주의적으로 접근하는 겁니다. 그러니 버티세요. 이 말밖에 친구들에게 해 주지 못해 미안하네요.

제가 숨쉬기 힘들 정도로 힘들었을 때, 니체의 문구를 종이에 적어서 휴대폰 케이스에 넣어 가지고 다녔어요. 니체의 그 유명한 문구, "나를 죽이지 못하는 것이 나를 더 강하게 만든다." 길을 걷다가도 생각나면 그 문구를 펼쳐서 읽고 또 읽었어요. 그리고 혼자 있을 때 소리 내어 낭독도 했어요.

지나고 보면 참 거짓말 같은 순간들이 있어요. 분명히 아파서 숨도 못 쉴 정도였는데 지금은 잘 먹고 숨도 잘 쉬지요. 한참이 지나서야 알게 되는 것들이 있어요. 이것은 어쩔 수가 없어요. 한참이 지나서야 문득 지나가는 생각들도 있죠. 내가 괜한 것들을 머리에 이고 살았구나 하는, 그 사실에 직면하게 되는 순간이 와요. 엉킨 실타래가 자연스럽게 풀린 것이죠. 이제야 나만의 태풍

이 그렇게 지나갔다고 스스로 결론을 내릴 수 있어요.

지금 친구들은 그 태풍 속에 존재해요. 파도가 너무 거세고 바람이 따갑고 거칠어서 때로는 어떤 상담도 도움이 안 될 수 있어요. 좀처럼 깨지 못하는 깊은 잠에 빠진 것 같은 날이 있을 수 있어요. 때로는 마치 모든 감각이 취해 버려 마비된 것 같은 날도 있지요. 이럴 때 사람이 필요해요. 좋은 영향을 줄 사람이요. 비바람을 같이 맞아줄 사람, 태풍 안에서 나를 꺼내줄 사람 말이죠.

그럴 때가 있어요. 어딘가에서 홀로 잠들어 있던 나에게 이불을 덮어 주는 사람들을 발견했을 때 말이죠. 누군가에게는 나를 시들게 하는 것이 사람이라면 또 그렇게 시들어 버린 나를 다시 일어나게 하는 것도 사람이지요. 사람이라는 존재는 그런 것 같아요. 친구는 어떤 사람이고 싶어요?

누구보다 자살 충동을 많이 느꼈던 철학자, 비트겐슈타인 😠

사실 비트겐슈타인은 삶의 의미를 죽음보다 작게 여겼고, 심지어 죽음을 아름답다고 여겼던 부잣집 도련님이었어요. 그랬던 그가, 참여하는 삶의 아름다움을 느끼며 자신이 젊을 때 언급했던 사상까지 다 뒤집는 비범한 철학자가 되기까지 얼마나 힘들었을까요?

비트겐슈타인을 알아 가면 갈수록 제가 상담했던 친구들과 오버랩이 돼요. '아, 이런 마음이었겠구나.' 제가 만난 청소년들은 철학자를 닮았어요. 아니 그들이나 철학자 비트겐슈타인이나 다 사람이었죠.

나는 긍정적인 일을 해야 했고, 하늘에 있는 별이 되어야 했습니다. 하지만 나는 아직 땅에 머물러 있고, 그래서 이제 점점 희미해져 가고 있습니다. 내 삶은 정말 무의미하게 되었고 단지 쓸모없는 에피소드들로만 채워져 있습니다. 주변 사람들은 이것을 알아차리지 못하고 이해하려 하지도 않습니다. 그러나 나는 근본적인 결점을 갖고 있다는 것을 잘 압니다. 만약 당신이 내가 쓴 말을 이해하지 못한다면 그것을 기쁘게 여기십시오.[43]

—————— 비트겐슈타인

새벽에 문자 상담을 하면서 여러 명의 비트겐슈타인을 만나요. 하늘의 별이 되고자 했지만 아직 땅에 머물러 있다던 그들을 말이죠. 상담했던 친구들이 말하는 하늘의 별은 무엇이었을까요? 분명한 건 알아주는 유명한 대학에 가기, 높은 연봉 주는 회사에 취업하기 같은 것들이 아니었다는 것이에요. 그들이 제게 들려 주었던 하늘의 별은 이런 거였어요.

저 같은 사람도 좋은 사람이 될 수 있을까요?
저는 그저 제 친구들과 잘 지내고 싶어요.
누군가를 도우며 살고 싶어요. 제가 그럴 수 있을까요?

얼마나 세상을 향해 되묻고 되물었을까요. 그 과정 없이는 나올 수 없는 질문들을 저에게 했던 것이죠. 비트겐슈타인 역시 그랬어요. 자신을 둘러싼 세계와 무조건 다르게 살고 싶어 했어요. 쉽게 말해 비트겐슈타인은 남들이 다 가지고 싶어 하는 것들을 헌옷처럼 던져 버리는 사람이었어요.

지금 말로 하면 금수저로 태어났지만 귀족들이 다니는 명문 학교를 마다했고, 몸이 안 좋아 면제 판정을 받았는데도 세계대전이 일어나자 군대에 자원입대하였으며, 거대한 유산 상속을 거부하고 가난한 예술가들에게 아낌없이 기부했어요. 결혼하는 것이 당연했던 시대에 의도적으로 혼자 살고자 했던 사람이고, 폼나는 교수 자리보다 시골에 가서 초등학교 교사를 할 때 삶의 의미를 찾았던 사람이었죠.

나는 나의 돈을 돌려주어야만 했다. 왜냐하면 그 돈을 소유하고 있는 동안, 나 자신이 바람 빠진 튜브처럼 느껴졌

그 새벽 너의 카톡은

이 사람은 대체 왜 그 시대가 이 사람에게 요구하는 것과 반대
의 길을 걸었을까요? 비트겐슈타인의 아버지는 엄한 권력자였어
요. 대부호였던 아버지는 자녀들에게 자신의 사업을 계승하기를
노골적으로 강요했죠. 그런 아버지의 기대에 부응하지 못했던 둘
째 형 한스는 그만 자살을 하고 말아요. 사업체의 우두머리가 될
소질이 전혀 없는 사람에게 아버지의 기대는 지독한 폭력이었던
거죠. 넷째 형 루돌프도 그런 아버지를 피해 미국으로 도망가서
음악을 하고 살았어요. 물론 그의 음악에 대해 부모님이 좋은 평
가를 해 주지는 않았지만 말이죠. 형들의 자살과 도망으로 막내
인 비트겐슈타인은 이중적인 모습으로 살아가게 돼요. 나중에 고
백했듯이 가족들 앞에서는 즐거운 소년으로 살았지만 자신에게
는 죽은 삶을 살았죠. 어린 시절 그는 다른 사람들의 기대에 맞추
기 위해 살았어요. 마치 그의 적성이 아버지가 원하는 사업가라
고 사람들이 착각할 만큼요.

그랬던 그가 점점 변하기 시작해요. 자신이 어떤 인물인지 감
추지 않겠다고 결심했기 때문이죠. 스스로에게 정직하자고 결심

한 그는 친누나에게 신앙심을 잃어버렸다고 과감히 고백해요. 그 당시 당연하다고 믿었던 종교적 믿음을 잃어버렸다고 당당히 말하는 그에게서 무엇이 느껴지나요. 그리고 자신이 배워온 철학에 대해서도 부정합니다. 이렇게 그는 자신의 심정을 솔직하게 표현하는 연습을 통해서 자살 충동을 이겨내고자 했어요.

> 철학 전체가 거북하게 느껴집니다. 내게 남겨진 철학(전문 철학을 말하는 겁니다)은 가장 중요하게 보이지 않습니다. 나에게는 그 세속적 책이야말로 정말로 할 만한 가치가 있는 것처럼 보입니다. 진정 중요한 것은 나의 사상들을 사람들이 이해하게 만드는 일이라고 생각합니다.[45]
>
> ——— 비트겐슈타인

하지만 이렇게 자신을 표현하면서도 여전히 아버지의 눈치를 보고 자랐던 그는 9년 동안 우울감에 시달리고 있었어요. 그러던 어느 날 대학에서 러셀 교수를 만납니다. 형들을 따라 자살 충동을 매 순간 느끼며 살았던 그가, 형들처럼 자살하지 않은 것을 부끄럽게 여기던 그가 달라져요. 자신을 알아주는 사람을 만나고부터요.

나는 그를 확실히 격려할 것이다. 아마도 그는 위대한 일
을 할 것이다.[46]

──── 러셀(비트겐스타인의 스승)

'죽음 충동을 느끼는 나란 인간이 철학을 해도 될까요?'라는 절규에 너 같은 사람이 철학을 해야 한다고 쿨하게 말한 러셀 선생님이었거든요. 유독 그의 평전을 보고 있으면 상담했던 친구들이 떠올라요. 나를 알아주는 사람 한 명만 있어도 사람은 결코 스스로 죽지 않거든요. 비트겐슈타인을 자살의 고통에서 꺼내준 첫 번째는 스스로 까발리며 살겠다는 결심이었고, 두 번째는 나를 알아주는 사람의 응원이었어요. 그런 그가 이제는 전쟁에 참여해요.

어제 사격을 당했다. 무서웠다! 죽을까 봐 두려웠다. 현재
의 나는 살려는 욕망이 강하다.

──── 「제1차 세계대전 참전」 중 일기

카르파티아 산맥을 따라 퇴각하는 중에 비트겐슈타인은
아마 처음으로 자신의 자아를 보지 못하게 되는 것이 어떤

철학은 죽음을 미리 연습하는 것이다.

것인지, 오직 살아남으려는 본능적, 동물적 의지에 의해
사로잡히는 것이 어떤 것인지를 알게 되었다. 즉 그는 도
덕적 가치들이 불필요한 상태를 경험했다.[47]

어떠세요? 지나친 존재에 대한 생각들과 본성에 대한 투쟁적
인 고뇌도 안전할 때나 할 수 있는 것이었나 봐요. 정말 생사를
오고 가는 현장에 가서야 비트겐슈타인은 자신의 있는 그대로의
본성을 깨닫죠. 사실은 살고 싶었던 것이었어요. 전쟁터에서 진짜
삶을 경험하고 난 뒤, 그는 땀을 닦으며 말해요. "아, 살고 싶다."
매일 죽고 싶겠다던 그가 그 후 자살에 대해 이렇게 말해요. 성급
한 자기방어라고요. 하지만 인생은 단순하지만은 않은 것 같아요.
그 전쟁 속에서 비트겐슈타인은 또 다른 고민에 직면해요.

몇 사람을 제외하곤 그들은 나를 싫어했다. 왜냐하면 내가
지원자였기 때문이다. 그래서 나는 거의 언제나 나를 싫어
하는 사람들로 둘러싸여 있다. 나는 이것을 여전히 참아낼
수 없다. 여기 있는 사람들은 사악하고 냉혹하다. 그들 안
에서 인간성의 흔적을 찾아내는 것은 거의 불가능하다.[48]

그 새벽 너의 카톡은

자신의 명예, 돈, 모든 것을 버리고 삶의 진정한 의미를 찾고자 자원입대를 했어도 그런 그를 시기하고 질투하고 고깝게 보는 사람들은 존재했죠. 이렇게 철학 역사에서 천재라 불렸던 사람도 사람들의 관계에서 힘들었어요. 그 후로 그는 후기 철학에서 자신이 전에 구축해 놓았던 철학을 철회하기도 했어요. 사람과 부딪히고 깨달음이 달라진 것이죠.

다른 사람의 깊숙한 곳에 있는 것을 가지고 장난치지 마라.[49]

———— 비트겐슈타인

그가 이런 말을 한 것은 성인군자라서가 아니라 정말 진심으로 그런 일을 당해 보았기 때문이에요. 관계에 매일 상처받고 아직도 답을 찾아 헤매는 저와 친구들은 공감할 수 있죠. 사실 매일의 일상이 전쟁 같을 수 있어요. 그가 전쟁을 겪고 일상으로 돌아와 말해요. 일상은 전쟁만큼 참혹하다고요.

지난 전쟁의 참혹함을 성토하는 게 유행처럼 되어버렸다. 나로서는 동의할 수 없다. 우리가 조금만 주의를 기울인다면 전쟁만큼 참혹한 일들이 우리 주변에 널려 있다는 것을 알게 된다.[50]

그러면 전쟁 같은 일상을 살아가는 우리들은 어떻게 살아야 할까요. 그는 깨달아요. '이놈의 절망에는 끝이 없구나.'라는 것을요. 그리고 말하죠.

절망에는 끝이 없고, 자살로는 절망을 끝내지 못한다. 스스로 기운을 차려서 끝내는 수밖에 없다.[51]

———— 1931. 11.7 일기 중

진짜 세상을 자세히 들여다본 적 있어요? 우리가 성공했다는 사람들 말고, 진짜 웃는 사람들의 얼굴을 본 적 있나요? 그런 사람들의 비밀은 전율을 느끼며 산다는 거예요. 결국은 전율이죠.

그들에게 전해 주시오. 나는 멋진 삶을 살았다고.[52]

비트겐슈타인의 마지막 유언은 이랬어요. 참고로 그는 자살하지 않았어요. 그저 이 글을 쓰고 다음날 의식을 잃었을 뿐이죠. 그는 이제 떠나고 없지만, 남아 있는 비루한 저에게 자꾸 자각의 돌을 던져요.

그 새벽 너의 카톡은

> 나는 박봉이지만 내 자신이 만족하는 노동을 할 것이며
> 언젠가는 만족스러운 인간으로서 죽을 것이다.[53]

이미 이 세상에 없는 그가 자꾸 우리에게 말을 해요. 나는 이리 살았노라고. 당신이 생각한 그 길을 그냥 가라고 말이죠.

철학은 죽음을 미리 연습하는 것이다.

샘, 사랑하는 친구가 죽었어요.
이제 어떻게 살아가야 할까요.

사랑하는 사람이 죽었어요.

애도에 대하여

어떤 사람에게 제일 지켜 주고 싶은 사람이 있어요. 그 사람 때문에 겨우 이 삶을 버티고 있었어요. 그런데 그 사랑하는 사람이 너무나 허망하게 사고로 죽었어요. 혹은 억울하게 살해되었어요. 사랑한다는 마지막 인사도 못했는데 말이죠. 심지어 그날 아침에 사랑하는 사람에게 모진 소리까지 했어요. 사소한 일로 다투기도 했지요. 그런데 그렇게 저녁에 이 세상을 떠났어요. 나는 미안하다는 말도 못했는데요.

그러면 살아남은 그 사람은 자신의 삶을 온전히 살아갈 수 있을까요? 길을 가다가도 주저앉게 되고 밥을 먹다가도 갑자기 먹은 것을 다 토할 수 있어요. 울고 싶어서 우는 게 아니라 울음이라는 걸 토해 내는 과정인 거죠. 저절로요. 멈출 수 없어요. 그렇게 아프게 허망하게 간 내 사람 때문에 살아남은 사람의 일상은 일순간 다 무너진 거지요.

　이럴 때 사람은 죽을 수 있어요. 살아갈 이유가 완전히 상실되었으니까요. 당연하죠. 상상해 보세요. 내가 사랑했던 그 친구, 엄마, 아빠, 동생, 언니, 오빠, 형을 이제는 안을 수 없어요. 눈을 보며 말할 수 없어요. 그들이 주었던 그 체온, 온도, 웃음, 눈빛을 이제는 느낄 수가 없어요.

　얼마나 아팠을까. 그 순간 그 사람은 얼마나 살고 싶었을까. 당장 살인을 한 그 놈을 내 손으로 다 죽여 버리고 싶고, 그 놈 죽이고 나도 죽고 싶고 다 불태워 버리고 싶지요. 당연하죠. 내 자식은 사고로 이 세상에 없는데, 정작 그 사고의 책임자는 오리무중이라면 미치지 않을 부모가 어디 있겠습니까. 진상 규명을 한다는 것은 사랑하는 내 사람을 끝까지 지키겠다는 것이지 절대 돈 때문이 아닙니다. 하지만 그 진상 규명이라는 것도 길어지면 그런 마음을 모르는 사람들은 "이제 지겹다, 그만 떠들어라, 너만 사랑하는 사람 잃었냐." 이러죠. 리오타르(1924~1998)는 철학자가 있어요. 리오타르가 무슨 철학을 했는지는 중요하지 않아요. 포스트모더니즘이 뭔지 몰라도 돼요. 이것만 기억하면 돼요. '애도'요. 저는 사람이 사람인 이유를 이 '애도'에서 찾아요.

　애도는 보고 싶은 사람을 가슴에 품는 거고, 내가 겪지 않았어도 다른 사람을 가슴에 품는 겁니다. 그런데 복잡한 세상은 단순히 한 개인을 숫자화하고 통계를 내 버리죠. 하지만 우리 한 인간은 결코 숫자로 환원할 수 없는 세계에요. 그런데 세상은 어떤가요? 사랑하는 사람을 이제 다시 못 보는데, 세상은 사망률 몇 퍼센트로 통계를 내고, 사망 신고를 하라고 하죠.

그러니 더더욱 우리는 애도의 마음을 잊지 말아야 합니다.《동주》는 윤동주 시인을 다룬 영화에요. 이 영화를 볼 때, 그 영화 속 시인 윤동주의 마음을 관객인 우리가 느낄 수 있을까요? 과연 우리는 이미 돌아가신 그 분의 감정을 알 수 있을까요? 그 영화 마지막에서 이런 대사가 나와요. "이런 시대에 시를 쓰는 것이 부끄럽습니다." 그 대사를 보고 있는데 저는 왜 부끄러운 감정을 같이 느꼈을까요? 리오타르에 따르면, 애도를 통해서 그 마음을 느끼는 것이 가능하다고 해요. 인간적인 언어로 표현할 수 없는 그것이 바로 애도인 것이죠.

리오타르는 말합니다. 우리가 해야 할 윤리는 비록 내가 겪지 않았지만 누군가는 흘렸을 그 눈물들을 외면하지 않는 '애도'의 형식에서 시작한다고 말이죠. 그래야 해방이 가능하다고 해요. 우리가 직접 겪지 않은 여러 사건이나 참사에 눈물 흘리고 누군가 안타깝게 세상을 떠나야 했을 때 추모식에 가는 것도 마찬가지 맥락이지요. 부디 사랑했던 사람을 가슴에 품으세요. 애도의 길을 같이 걸어요.

샘, 저는 살면서 좋았던 기억이 별로 없어요.
지금도 과거의 상처에 빠져 있는 걸요.
세상은 가혹하기만 해요.

여전히 세상이 두려워요.
삶에 대한 오류는 삶을 위해 불가피하다.

샘도 세상이 두려워요. 세상이 두렵다는 것을 아는 것만으로도 대단한 겁니다. 내가 어떤 구조적 모순에 있다는 것을 자각했으니 두려울 수도 있는 거예요. 지금 내가 어디 서 있는 줄도 모르고 부모의 과도한 보호 아래, 학교와 체제에 순응해서 살면 뭐가 잘못되었는지도 모르죠. 안전하니까요.

뭔지 모를 돌부리 같은 게 내 가슴속에 있으니까 두려운 거거든요. 더군다나 그 두려움의 실체를 안다면 더 두렵지요. 이제 그 두려움의 원인을 알았으니 해체시켜야 하는데 구조적으로 약자인 우리는 그렇게 할 용기가 부족하니까요.

새벽 3시 딩동 카톡이 와요. 학교에서 할 말도 제대로 못한 채 참고, 심지어 억지로 웃기까지 하는 나란 사람이 싫다고 해요. 예전의 저를 보는 것 같아요. 그런데 그거 알아요? 그 시스템 속에서는 지금까지 나열한 그것들이 어쩌면 자기 스스로를 그곳에서 지키고자 했던 생존 전략이었다는 사실을요.

사회와 학교가 원하는 유형의 인간은 대인관계 원만하고 자기주장 똑 부러지고 자신감 넘치는 사람이겠지만 어떻게 모든 사람이 그리 살 수 있겠어요. 오히려 그런 사람만 있으면 지루하지 않을까요. 똑똑하고 말 잘하는 사람들만 있으면 도대체 그들이 한 말은 누가 들어 주고 누가 웃어 주겠어요. 때로는 어수룩하고 바보 같아 보이는 사람이 더 좋을 때도 있다는 걸 잊지 마세요.

나 같은 사람도 있고 또 다른 사람들도 존재해야 정상인 거예요. 우리는 그들과 다른 것뿐이죠. 타고난 기질을 사회에 잣대에 맞지 않는다고 깎여서야 되겠어요. 기질에 선악은 없어요. 들뢰즈의 말을 기억하세요. 인간의 본질은 차이입니다. 차이에 대한 존중이 생의 기본입니다.

삶에 대한 오류는 삶을 위해 불가피하다. 😊

삶에서 만난 오류들이 나에게 씁쓸하기만 한 걸까요? 벗어나고만 싶은 시련, 내가 만난 미친놈, 나를 지치게 하는 사건들이 나에게 과연 나쁘기만 했을까요? 이런 것들에서 벗어나기 위해 발버둥치다 보면 나는 최소한 그 사람과는 다른 사람이 되어 가기도 합니다. 그러나 그 발버둥치는 과정이 죽음으로까지 갈 수도 있다는 것을 상담하면서 알았어요.

새벽에 문자를 주는 친구들도 머리로는 다 알아요. 지금 왕따를 당하는 이 시간이 지나갈 것도 알고, 버거운 시험이나 과제들이 나를 한 단계 성장시켜 준다는 것을 너무나 잘 알아요. 다 아는데도 내일이 두렵고 오늘을 견디지 못해 죽음이 먼저 생각나는 게 스스로를 미치게 하는 것이지요. 그 지난하고 환멸적 과정 속에 있으면 그럴 수밖에 없어요. 도대체 한 사람이 넘어져 다시 일어나기까지가 왜 이리 눈물겨운 건지 상담하는 입장인 저도 매번 누군가에게 묻고 싶었어요.

삶에 대한 오류는 삶을 위해 불가피하다.[54]

———— 니체

그럴 때면 샘의 경우 철학자에게 답을 구해요. 니체는 한때 교수였어요. 왜 교수가 된 줄 아세요? 어릴 적부터 자신을 속박하는 특유의 집안 분위기에서 최대한 탈피하고자 했기에 선택한 직업이 교수였기 때문이에요. 교수가 되어서 빨리 집을 떠나고 싶었어요. 말하자면 독립을 하고 싶었던 거죠. 그런 그가 말해요. 삶에 대한 오류는 삶을 위해 불가피하다고.

새벽 3시. 문자가 도착해요. 도저히 부모님과 소통이 안 되어 무작정 가출한 친구였어요. 갈 곳이 없으니 청소년 쉼터로 연계해 달라는 문자였어요. 그 새벽에 혼자 얼마나 두려웠을까요. 그 친구 인생에서는 지금의 이 선택이 최선이라고 생각한 거죠. 상담하는 입장에서 연계를 도와주면서 한 가지 바람이 있다면, 그저 지금 이 과정이 부모와 내가 소통이 안 되는 열쇠를 찾기 위한 몸부림이라는 것을 알았으면 좋겠어요.

심지어 자신의 부모를 죽이고 싶어 하는 청소년들도 있습니다. 적어도 상담을 하고 있는 저는 그들의 생각에 반감부터 가져서는 안 된다고 봅니다. 반드시 이유가 존재하기 때문이에요. 천륜을 거부하고 싶을 정도의 생각이 만들어지게 된 원천은 있었어요. 그들은 대부분 폭력에 노출되었어요. 주로 어릴 때 막무가내로 진행된 폭행들 말이죠. 이제 커서 다시 생각해 보려 해도 도무지 납득이 가지 않는 이유로 자행된 폭행들.

가난이 주는 절망감이든, 아니면 부부 관계의 갈등이든 부모 본인의 스트레스 해소든지 갖가지 이유 아닌 이유로 폭력은 제일 약자에게 진행됩니다. 그들의 사연을 문자로 읽고 있으면 그 새벽에 상담하는 저까지 피가 솟구쳐 오른 적도 많아요. 굳이 견딜 필요 없는 상황을 견뎌온 자들에게 이미 지난 과거이니 잊어버리라 하는 것은 또 다른 폭력 아닌 폭력이 될 수 있음을 상담을 하면서 다시 깨달아요.

솔직히 기억이라는 것은 나의 가슴에 박제되어 있죠. 하지만 사실 사람은 과거의 나와 지금의 내가 과학적으로는 다른 사람이라고 해요. 6개월이면 인간의 몸이 새로운 양자로 재편되거든요. 그렇다면 '예전의 나'를 '남'이라고 생각해 볼래요? 지금의 나는 그때의 내가 아닌 거예요. 물리적으로요. 다만 기억만이 내가 변하지 않은 것 같은 착각을 하게 하죠. 그래서 니체도 망각을 그렇게 강조했나 봅니다. 망각만이 창조와 생성을 가능하게 한다고 외쳤죠.

하지만 기억 속 남은 감정까지 마음대로 지울 수 있으면 이렇게 아플 필요도 없었겠지요. 잊을 수 없고 자꾸 생각이 나서 미치겠다는 사람에게 정성을 다해 이제 그만 지우라고 다 지나갔다고 하는 것은 그 말을 하는 사람도 듣는 이도 모두 지치는 일이에요. 더욱이 그런 폭력에 지금도 여전히 노출되어 있고 당장 집을 나가면 갈 데도 없으며, 아무런 힘도 기반도 없는 청소년들에게 제가 해줄 수 있는 건 고작 대신 신고를 해 주거나 신고를 권유하거나 쉼터 등 관련 기관에 연계해 주는 것뿐이었어요. 사실 상담을 할 때마다 딜레마에 빠져요. 어설프게 혼자 공부한 정신분석적 기법이 어느 때에는 적용되는 것 같다가도 아닌 것도 같죠. 과거의 상처를 꺼내서 직면하게 하는 게 맞는 건지 아닌 건지 잘 모르겠어요. 더욱이 얼굴도 모르는 익명의 상대와의 상담에서는 더더욱 갈피를 잡기 어렵지요.

이럴 때는 그저 철학에 기대고 봅니다. 현상학에서 강조하는 것이 바로 '무전제의 사고'예요. 나를 폭행하고 나를 짓밟은 부모가 죽이고 싶을 정도로 싫지만, 그 싫다는 감정과 의식에만 갇히면 안 됩니다. 그 부정적인 감정이 지속되면 결국 나만 다치게 하기 때문이지요. 자살이나 자해를 시도하기 전에 먼저 여러 해석을 시도해 봐야 해요. 중요한 것은 무전제의 사고로 출발해서 재해석을 하는 것이죠. 가령 나를 폭행했던 부모님도 어린 시절에 비슷한 폭행을 당한 것은 아니었을지, 부모 자신도 감당하기 힘든 우울이 그 당시 나를 폭행할 때 있었던 것은 아니었는지, 쉽게 화를 절제하지 못하는 부모님만의 습관이 유독 어린 자식에게 분출되었던 건 아니었는지, 여러 각도로 살펴볼 필요가 있어요. 그들의 폭력을 합리화하자는 게 아니라 무전제의 사고로 부모를 분석해 보자는 것입니다. 합리화는 원점만 빙빙 돌게 하지만 재해석은 확장입니다.

자식이 무심코 한 말에도 절대적 지지를 보내주고 무한한 믿음과 사랑을 주는 부모였으면 좋겠지만 그럴 여유도 그런 교육도 받지 못한 부모들도 많아요. 부모님이라는 그들을 한 개인의 역사로 분석해도 좋고 그 세대로 분석해도 좋아요. 왜 굳이 폭력의 이유를 여러 각도로 분석하느냐고 묻는다면 나의 부모이기 이전에, 나의 가해자이기 이전에, 그저 한 남자, 한 여자로 바라보기 위해서입니다.

가족도 천륜도 객관적으로 보게 되면 나와 그들의 관계를 해석하게 됩니다. 어렵겠지만 그렇게 해석하다 보면 자연스럽게 그들과 나의 관계가 보여요. 그 이후에 이해라는 것이 될 수도 있고, 여전히 안 될 수도 있죠. 그저 죽음밖에 안 보이는 친구들에게 잊어라, 약 먹어라 말고 또 하나의 방법을 제시해 주고 싶을 뿐이에요.

그럼에도 도저히 그들과 나의 관계를 해석하고 싶지도 않고, 나를 이리 분노하게 만든 그들을 이해해 주고 싶지도 않다면, 멈춰도 좋아요. 해석하지 말고 이해하지도 마세요. 잠시, 이쯤에서 동양 철학자 왕충(30?~100?)이라는 사람이 했던 말을 해 주고 싶어요.

땅강아지와 개미가 땅 위를 기어갈 때 사람이 발로 밟고 지나간다. 발에 밟힌 땅강아지와 개미는 눌려 죽고, 발에 밟히지 않은 것은 다치지 않고 온전히 살아남는다. 들풀에 불이 붙었을 때 마차가 지나간 곳은 불이 붙지 않는다. 사람들은 그것을 좋아하며 행초(幸草)라고 부르기도 한다. 발에 밟히지 않은 것, 불길이 미치지 않은 것이라도 반드시 좋은 것은 아니다. 우연히 불이 붙었고, 사람이 길을 가다가 우연히 그렇게 된 것이다.[55]

———— 왕충

왕충의 비유를 들자면 우연히 우리는 '발에 밟힌 땅강아지와 개미'가 된 거에요. 하지만 왕충은 강조해요. 발에 밟히지 않은 것이 반드시 좋은 것은 아니라고요. 나의 부모인 그와 그녀는 여러 마주침 가운데 우연히 만나 결혼을 했고, 그 와중에 수많은 우연의 마주침 속에서 내가 태어났죠. 그리고 어린 나는 당시 아무런 힘이 없었기에 무자비한 폭력에 우연히 노출되었을 뿐이에요. 그뿐입니다. 내가 특별히 불운하기에 이런 일에 노출된 게 아니라, 그저 나란 존재가 폭력의 현장에 노출되었고, 그 당시 나를 지킬 힘이 없었을 뿐이에요.

상처받고 싶은 사람이 어디 있겠어요. 누구나 너그러운 부모 밑에서 태어나 화목하게 살고 싶고, 하고자 하는 모든 일이 다 잘 풀리고 그렇게 살다 가고 싶겠지만 정말 아이러니하게도 그런 일은 드물지요. 자꾸 날 미치게 만드는 일들의 연속이고, 도무지 이성적으로 설명이 안 되는 딜레마 속에서 살아가요. 이제 고통은 끝났겠지 하고 고개를 돌리면 또 다른 절망이 찾아오지요. 그러니 세상에 존재하는 절망에 대처하는 나만의 방법이 없으면 이 고통은 사실 끝이 없어요. 인간이라는 나약한 존재, 죽을 때까지 타인과 관계를 맺고 살아야 하는 인간이라는 존재 때문인 것 같아요. 그래서 예술과 철학이 존재하는지도 모르겠어요.

과연 인간의 기본 값이 행복일까요? 그래서 당연히 행복해야 하는 걸까요? 글쎄요. 인간의 기본 값은 그렇게 투명하고 명쾌하지 않아요. 오히려 사람은 알려고 할수록 알 수 없고, 인간의 이성은 합리적인 것 같으면서도 동시에 비합리적이고 존재 자체는 불투명하죠. 그러니 사람이 당연히 행복해야 한다는 것도 착각이죠. 어쩌면 사람이 배우는 결정적인 것은 대부분 불행의 경험에서 오기도 해요. 불행이 있어야 행복도 그만큼 자각할 수 있는 것 같아요.

인생이 살 만한 가치가 없다고 믿는 까닭에 많은 사람들이 죽어가는 것을 나는 본다. 삶의 이유를 주는 관념이나 환상을 위해 역설적으로 죽어가는 사람들도 있다. 이른바 삶의 이유라는 것은 동시에 죽을 수 있는 이유도 된다. 따라서 나는 인생의 의미야말로 가장 절박한 문제라고 생각한다. 벌레는 사람의 마음속에서 발견된다. 찾아야 할 곳은 바로 그곳이다. 생존 앞에서의 명석함으로부터 광명 밖으로의 도피에 이르는 죽음의 유희, 이것을 추적하고 이것을 이해해야만 한다.[56]

———— 카뮈

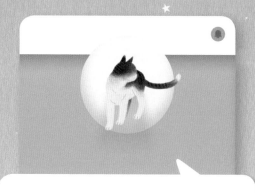

샘, 아무 미련도 없어요.
매순간 죽고 싶어요. 하지만 계속 실패해요
저는 절대 바뀌지 않아요.

이번 생은 망했어요.
└ 극단을 부르는 상견과 단견에 대하여

새벽에 친구들에게 문자를 받을 때, 그 행간에서 공허 속으로 추락하는 느낌이 서려져 있는 것을 발견할 때가 있어요. 지금 몸도 가누지 못할 정도로 힘이 없어 어딘가에 널브러진 채 울고 있구나……. 눈을 뜨면 한숨만 나오는 상황들에 이제 이력이 나고 속은 다칠 대로 다쳤구나. 갈수록 나빠지는 감정을 어쩌지 못하고 자기 자신에게서 도망치지도 못하는 사람들이 이 새벽에도 참 많구나.

그때 제가 겨우 할 수 있는 것은 희망 없이 떨고 있는 사람들을 그나마 덜 떨게 하거나, 덜 쫓기게 답문을 해 주는 것뿐이었어요. 그들이 삶에서 마주한 것은 '무의미'였어요. 그러나 철학자 조르주 바타유는 '무의미'에 대해 이렇게 말했어요. "어떤 의미로부터 출발하면 그것을 소진시키거나 결국에는 무의미와 맞닥뜨린다.

그러나 무의미인 채로 멈출 수는 없는 일이다. 무의미란, 그 자체로 어떤 의미에론가 스며든다." 그러니 삶이 무의미하다고 멈추지 말고 다시 또 다른 의미로 스며들게 마음을 열어 볼까요. 더불어 이런 점에서 철학자 들뢰즈가 한 이야기를 해 주고 싶어요.

우리는 결코 (무로부터 출발한다는 의미에서) 시작하지 않는다. 우리는 결코 백지를 가지고 있지 않다. 우리는 중간으로 미끄러져 들어간다.[57]

─────── 들뢰즈

우리 친구들에게 '이번 생을 끝내고 삶을 다시 리셋하고 싶다.'는 말을 많이 들었어요. 삶을 리셋하고 싶은 마음은 무(無)로 돌아가려는 마음이에요. 그런데 들뢰즈에 따르면 우리는 백지에서 시작하지 않았어요. 우리는 아무것도 없는 상황에서 갑자기 탄생한 전래 동화 같은 존재가 아니라 엄마 뱃속에서 나왔어요. 유(有)에서 유(有)로의 이동이지요. 그러니 들뢰즈 입장에서 삶을 리셋하고자 하는 마음은 다 끝내버리는 게 아니라, 기존의 항들을 재배치하면서 중간으로 다시 미끄려져 가고자 하는 마음이지요.

지금까지의 여러분이 어떤 배치로 생성되어 왔는지 살펴볼까요? '아기라는 항'을 거쳐 '어린이라는 항', '소년, 소녀라는 항'도

거쳐서 지금은 '학생이라는 항'을 가지고 있지요. 이렇게 여러 배치를 통해 계속 다른 존재로 되어 왔을 겁니다. 이제 무슨 항을 만날지 그 누구도 모르는 거지요. 샘의 경우, 백수였을 때 시간이 많아서 철학책을 제일 많이 읽었어요. 그러면 '백수라는 항'과 '철학책이라는 항'이 만나 '글을 쓰는 지금의 항'이 만들어진 거지요. 이제 삶을 끝내지 말고 중간으로 다시 미끄러져 들어가 재배치를 해 볼까요?

상견과 단견 😐

결정적으로 존재한다는 것은 항상 됨(常見, 상견)에 집착하는 것이고 결정적으로 존재하지 않는다는 것은 단견(斷見)에 집착하는 것이다. 그러므로 지혜로운 사람은 있다거나 없다는데 집착해서는 안 된다.[58]

———— 나가르주나

철학자 나가르주나는 '상견'과 '단견'에 빠지면 안 된다고 했어요. 상견과 단견은 대체 뭘까요? 말이 다소 딱딱하니까 예를 들어 볼게요. 여러분 방탄소년단 좋아하죠? 유튜브에서 누군가 그들의 탄생, 무명 시절을 거쳐 지금의 전성기까지를 10분 분량의 영상으로 만들었다고 치죠. 그런데 그 영상을 무진장 빠르게 감아 버리는 게 '단견'이에요. 그 10분은 되는 영상을 아주 빠르게 5초 내로 감아버리는 그 느낌. 화면은 뭐가 지나갔는지 보이지도 않고 소리도 지지직거릴 뿐이죠. 그들의 탄생부터 전성기를 이런 식으로 보면 허무하죠. 이렇게 자신의 인생을 빨리 감아버리듯이 보면 허무주의에 빠져요. '해서 뭐 하나 어차피 죽을 건데……' 가 되는 거죠. 그런데 지금 시간을 보세요. 1초, 2초, 3초…… 이렇게 지나갑니다. 휘리릭 지나가지 않아요. 정확히 실체를 보세요. 오늘도 24시간이 흘러야 하루가 지나갈 겁니다.

그렇다면 '상견'에 빠진다는 건 뭘까요? 언젠부터인지 모르겠으나 청소년들은 휴식을 한다는 정의 자체를 단체로 잊은 듯해요. 새벽 시간에도 대다수 청소년 친구들은 깨어 있어요. 아니 불면의 상태로 버티고 있는 거죠. 어떤 이는 내일 학교를 가야 하는 절망감 때문에 자고 싶어도 못 자고, 어떤 이는 이 시간에도 공부를 하고 있을 다른 친구들 때문에 긴 밤을 버텨요. 그들에게 물었어요. 내 몸의 주인인 여러분이 스스로를 쉬게 해 주라고요. 그러면 그들의 답변은 한결같았어요. '쉰다는 것', '논다는 것' 자체가 죄악이라고 말이죠. 상견에 빠진 거죠.

이런 생각을 혹시 해 보았나요? 우리 모두 거대한 시나리오 속에 갇힌 채 단체로 같은 속도로 달리고 있다고 말이죠. 부모님은 대개 낙오가 되지 않는 것만을 강조해요. 내 아이가 주변 지인의 아이보다 덜 배우고 뒤처지는 것은 곧 본인도 양육의 낙오자가 되는 거니까요. 멋있게 지는 법을 배워본 적이 없는 부모들은 참 멋없게 이기는 법만 자식들에게 가르치죠.

이제부터 지는 법을 배워야 해요. 노력해도 안 되는 것들이 있음을 느끼세요. 반드시 잘되어야만 한다는 상견에 빠지면 내 인생을 내가 가두는 거예요. 상견에 빠진 사람들에게 철학이 알려주는 건 '다른 세계가 있다는 자각'이에요. 자세히 말하자면 세상 사람들마다 있는 그 '차이'를 세포 하나하나로 느낄 때의 기쁨이랄까요. 내가 처한 현실이나 상황이 나만의 것이 아니라 대다수 사람들도 겪어 왔고, 겪었던 일이라는 사실, 지금 이 시간에도 눈에 보이지 않는 곳에서 세상의 암흑 같은 이면이 있음을 제대로 아는 것, 이것이 제일 필요해요.

《인생극장》이나 《동행》, 《극한직업》 같은 다큐 프로그램을 자주 보기를 바랍니다. 화려한 무대 위의 아이돌을 좋아한다면 무대 뒤에서 그들이 흘린 땀과 눈물에 대한 다큐도 같이 보세요. 더 나아가 내가 좋아하는 아이돌은 성공한 1퍼센트의 소수이고, 그 대열에 끼지 못한 나머지 99퍼센트의 삶이 있다는 것도 함께 알기를 바랍니다. 그 99퍼센트의 삶을 다룬 다큐나 아이돌들의 현실문제, 계약문제 등을 다룬 《그것이 알고 싶다》 같은 시사 프로그램을 같이 보는 것도 좋아요.

하지만 요즘 친구들은 자극적인 영상에 길들여져 있어요. 새벽 3시나 4시에 갑자기 자극적인 영상을 보고 잤다가 악몽을 꾸고 힘들다고 하는 문자가 종종 오지요. 물론 유튜브에도 좋은 콘텐츠가 무궁무진해요. 저 역시도 철학 강의나 다른 참고할 만한 다큐를 즐겨 봐요. 문제는 친구들이 그 수많은 영상들을 분별력이 없는 상태로 보는 것이죠. 자극적인 언어를 강요하고 재미만을 위해 역사나 세상을 왜곡하는 영상들도 많기 때문이에요. 심지어 혐오도 부추기죠. 그러한 것들에 휩쓸리지 말고 보편성을 기초로 세상을 바라보는 연습을 해 보았으면 좋겠어요. 라캉은 "진실의 구조와 거짓의 구조는 같다."고 말했어요. 그래서 가짜 뉴스들이 진짜인 것처럼 유통되면 사람들은 곧잘 믿는 겁니다. 왜곡된 역사 교과서가 진실인 척 유통되면 안 되는 이유도 거기에 있고요.

정리하자면, 지금 우리 가족과 내가 겪는 경제적 어려움이, 시험 성적이 주는 패배감이, 경쟁 관계에서 오는 우울감이 모두 100퍼센트 그렇게 만든 세상의 탓인 것만 같다고 생각하거나 아니면 다 내 탓이라고 여기면 극단으로 가는 열차를 탈 수밖에 없어요. 상견, 단견에 빠진 친구들에게 하고 싶은 말은 최대한 객관적으로 세상을 보는 연습을 해야 한다는 것이에요. 세상을 논리적으로 추론하듯이 보면 그저 '탓'하는 게 아니라 '해석'하게 되죠. 불공평하지 않았던 시대는 없었어요. 여전히 삭막한 세상이어도 내 기준으로 해석해서 세상을 다시 보면 조금은 다정해 보

그 새벽 너의 카톡은

일 겁니다. 지금부터 그 연습을 시작하세요.

지금은 소모품인 것만 같고 마치 텅 빈 표시 같은 존재로 자기 자신을 생각할지라도 이것만 잊지 마세요. 인생은 모 아니면 도가 절대 아니에요. 걸도 있고요. 개도 있지요. 양극단으로 설명될 만큼 단순한 게 인생이 아니에요. 그저 나만의 속도로 천천히 살고 싶은데 자꾸 옆에서 뛰라고 하니까 넘어지는 거지요. 그러니 초조해하지 말고, 그러면 나는 무슨 가치를 실현하고 살 거냐를 천천히 정하기만 하면 돼요.

이름표를 떼자. 😊

이름표를 떼고 나를 설명해 보세요. 내 이름, 나이, 가족 관계, 학교 다 떼고 본인을 설명해 보세요. 당신은 누구입니까?

니체라면 "저는 반시대적인 고찰을 하며 사는 사람입니다."라고 했을 테지요. 푸코라면 "저는 진실을 말할 용기를 가진 사람입니다."라고 했을 것 같고, 마르크스라면 "저는 자본주의 사회가 돌아가는 운동 법칙을 알리는 사람입니다."라고 했겠지요.

그럼, 또 사고 실험을 해 볼게요. 어느 날 갑자기 기억상실증에 걸려서 내 이름도 나이도 모르고 성정체성도 몰라요. 여기가 어느 나라인지도, 내 부모가 누구인지도 기억 안 나요. 그전까지 내가 뭐하는 사람이었는지 하나도 기억이 안 나요. 그럼에도 나란 사람은 존재하나요? 여전히 살아 있나요? 살아 있죠. 존재하죠.
이상하게 기분이 맑아지고 홀가분하지 않나요? 내 존재에 이름
표를 너무 많이 붙이니까 걱정, 불안, 우울이 오는 거였거든요.

이제부터 나를 표현하고 살아 볼까요? 나를 표현하면서 살려
면 내가 누군지 알아야 하겠지요. 내가 누구인지를 알려면 스피
노자가 말했듯이 내 안의 코나투스(생의 의지)를 향상시키는 것들
을 우연히 발견하는 겁니다. 직업만으로는 절대 내 존재를 다 표
현할 수 없어요. 나는 누구일까요? 우리 친구들은 누구인가요?
그런데 자꾸 내면만 들여다보면 속이 울렁거릴 수 있어요. 괜히
잊고 싶은 기억들, 나를 작아지기만 했던 감정들만 떠오를 수 있
으니까요. 그러니 계속 마음 밖으로 나가서 보고 듣고 만지고 걷
고 울고 웃고 해야 합니다. 샘은 철학하는 사람을 만날 때 신이
나는 상태로 존재하는 사람입니다. 목이 마르면 목이 마른 상태
로 존재하는 사람이고요. 상담을 할 때는 오로지 대화 속에서 존
재하는 사람이고요.

들뢰즈는 모든 것은 실체의 문제가 아니라 배치의 문제라고
말했어요. 하지만 사람들은 어딘가 자신을 묶어버릴 정체성을 계
속 찾아요. 학생으로서의 정체성, 자녀로서의 정체성, 직장인으
로서의 정체성 등으로 말이죠. 어딘가에 소속되지 않은 것을 못
견뎌하지요. 이런 이름표를 내 존재에 계속 붙이다 보면 원래 나
로서 살고자 했던 순수한 욕망을 부정적으로 사용할 수밖에 없

그 새벽 너의 카톡은

어요. 그러니 우울할 수밖에요. 다시, 지금의 일상을 재배치하고 재해석하세요. 인생은 해석 싸움입니다.

생을 다시 붙잡는 것에 대하여 😔

지난 내 삶을 접어 쓰레기통에 던지고 싶은 마음의 파동은 살다가 손님처럼 나를 찾아옵니다. 어느 때는 그저 스쳐지나가듯이 오고 가더니, 어느 날은 진상손님처럼 쉬이 가지를 않습니다. 그럴 때 '나'는 언제 갈 거냐고 그 손님에게 물어요. 하지만 그 손님은 대답을 해 주지 않아요. 그 손님은 말없이 나를 바라봅니다. 계속 바라봅니다. 바라보기만 합니다. 그러면 '나'는 다시 묻습니다. 도대체 언제 떠나 갈 거냐고요.

그제야 손님이 '나'에게 묻습니다. 세상이 텅 비어 보이느냐고요. 앞으로 갈 수 없어서, 뒤로만 가는 '나'에게 그 손님이 다시 말합니다. 부디 나를 이제는 버리고 앞으로 걸어가라고요. 손님인 자기는 스스로 갈 수 있는 존재가 아니라, 내가 자기를 버려야만 갈 수 있는 존재라고요. 이렇듯, 과거와 단절해야 내 생을 다시 붙잡을 수 있어요.

상담을 하다 보면 허기진 메아리들을 글로 읽게 됩니다. 허기지는 건 어쩌면 순리입니다. 우리는 사람이니까요. 허기졌다는 것을 있는 그대로 보면 보입니다. 이 친구도 허기졌네. 저 친구도 허기졌네. 우리 엄마도 허기졌네. 선생님도 허기졌네. 삶과 우울은 함께 가는 겁니다. 내 삶이 이토록 애달고 다 저버리고 싶어도 차마 그러지 못하는 것은, 아직 남은 내 생을 붙잡을 이유가 남아 있기 때문입니다. 그 이유가 무엇인지 아직 잘 모른다고요? 그래도 괜찮아요.

그 새벽, 스스로를 주저앉아 울게 만들었던 그 모든 것들에게서 도망칠 수 없어 샘에게 카톡을 보냈던 그 친구들은 사실 자신의 삶을 어떻게서든 붙잡으려는 시도 중이었던 거지요. 내 생에 대해 의문점을 구하고 묻고 또 묻는다는 것은 이미 그 친구가 자기의 인생을 사랑한다는 증거니까요. 삶을 다시 붙잡는다는 것은 말도 못할 고통이거든요. 말로 붙잡는 게 아니니까요. 손에 힘을 꽉 주고 가슴을 내리치고 눈물을 헤아릴 수 없을 정도로 흘려야 붙잡을 수 있습니다. 그래서 삶과 우울은 함께 가는 거예요.

사실 남이 해 주는 진짜 위로나 상담은 없습니다. 제가 생각하기에는 그래요. 결국은 위로도 내가 나에게 해 주어야 생을 다시 붙잡을 수 있습니다. 제가 철학이 좋은 이유는 좋아하는 철학자들마다 네가 선 땅 위에서 스스로 두 발로 다시 일어나라고 했기 때문이에요. 나를 믿으라고 한 철학자는 제가 좋아하는 철학 안에서는 없었어요. 그저 그들은 그만의 일을 했고, 그가 하고 싶은 말을 했어요. 그렇게 자신만의 길을 걸어갔어요. 누군가에 의존하지 마세요. 무언가에 기대지도 말아요.

그 새벽 너의 카톡은

인간만이 인간을 구할 수 있다고 철학은 알려줘요. '나만이 나를 구할 수 있다.'라는 건 내 변화된 생각이 나를 구한다는 것이지요. 그 생각을 더 쪼개면 내가 구현한 개념, 나만의 언어, 내가 규정한 나만의 철학, 나만의 그 아찔하고도 좋았던 기억, 내가 개시한 내 서사들이 나를 어느 순간에서 구해 준다는 거예요. 타인과의 비교는 괜히 내 마음만 요동치게 해서 오늘을 못 살게 할 뿐이죠. 한 번뿐인 이 아까운 오늘을 말이에요.

지금까지의 생이 가혹했어도, 부모를 잘못 만났어도, 체제가 나를 계속 가두어도, 도전하는 것들마다 실패했어도, 생을 다시 붙잡으세요. 처절하게 아프더라도 잠시 숨고르기를 하고 나만의 길을 다시 걸으세요. 칸트도 자신을 가두는 그 모든 '경향성'에서 나오라고 했어요. 생(生)에 있어 실패라는 것은 없어요.

그렇게 다시 길을 걸어도 내 아픔과는 상관없이 시련들이 또 찾아올 겁니다. 하지만 그때는 쉽게 넘어지지는 않을 겁니다. 왜냐면 생을 다시 붙잡는 과정을 거친 새로운 내가 되었으니까요. 철학자 알튀세르가 말했듯이 과거와의 단절은 지금 나를 다시 살게 해 줍니다.

여러분은 주어진 입시 공부를 잘 해내려 태어난 것도 아니고, 타인의 기대에 부응하려 아등바등 살라고 여기 이 별에 온 것도 아닙니다. 어디에 소속되어 정해진 규칙대로 살려 애쓰지 마세요. 그래서 지금 다쳤잖아요. 내 존재를 자꾸만 작아지게 만드는 시스템들과 타자로 인해 존재 자체를 저버리려 하잖아요. 누구에게, 무언가에 의존하지 마세요. 단독자로 살아가야 한다고 철학은 말해요. 잊지 마세요. 우리는 대체 불가한 사람들입니다.

그리고 철학자 바흐친이 이야기했듯이 인간은 제 자신과 일치할 수 없기에 자유롭습니다. 웬일로 일치한다 싶으면 보기 좋게 다시 불일치하는 게 사람이고, 아무리 계획을 세워도 계획한 대로 되지 않아 흘러가며 살아지는 게 삶이기도 하지요. 어느 날은 연속적으로 살다가 어느 날은 단절하고 살기도 하고요. 이러한 불일치를 가슴에 끌어안고 간혹 서러워 울지라도 우리 뜨겁게 살아가 보아요.

삶은 멍자국의 연속이에요. 안 맞고 살아가는 사람을 본 적이 없어요. 살아 있다는 것 자체가 아픈 거니까요. 누구든 맞아요. 맞고 난 후 멍자국의 겹겹이 색이 바래질수록 삶의 색은 더 짙어지지요. 더럽게 짙은 사람을 보면 한 번씩 꼭 안아 주고, 우리 같이 살아 볼까요.

루소(1712~1778)

프랑스 철학자. 인간 불평등의 기원에 대해 말하고 싶었던 철학자. 당시 18세기 유럽의 사유 재산에 대한 입장을 정면으로 비판한 정치 철학자.

토지는 사람보다 오랜 역사를 가지고 있다. 과연 지구에 잠시 스쳐지나가는 사람이 어떻게 땅의 주인이 될 수 있었을까? 이 세상의 진정한 소유자가 있기는 한 것일까? 루소를 공부하다 보면 오늘날 당연히 여기며 상식으로 받아들였던 것들이 갑자기 낯설게 느껴질 것이다. 대표 저서로는 『인간 불평등 기원론』, 『사회계약론』, 『에밀』 등이 있다.

스피노자(1632~1677)

네덜란드의 유대계 철학자. 네덜란드 암스테르담의 자유정신을 사랑했던 철학자. 스피노자는 인간을 포함한 모든 사물은 자신의 존재와 삶을 유쾌하게 지속하고자 하는 코나투스를 가지고 있다고 보았다. 이러한 코나투스는 낯선 상황, 타자와 우발적으로 마주치면서 증가할 수도 있고, 감소할 수도 있다고 했다. 스피노자를 읽다 보면 자신의 유한한 삶에 기쁨과 유쾌함을 주는 낯선 타자와의 관계에 대해 고찰하게 된다. 저서로는 『에티카』, 『신학-정치학 논고』 등이 있다.

철학은 죽음을 미리 연습하는 것이다.

주석

1장 철학은 나에게 의심하라고 한다.

1　루소, 『에밀』, 정병희 역 (동서문화사, 2016), 407.

2　손정호, 「백혈병 사망 故황유미 10주기 추모 행사, 삼성전기전자 계열사 직업병 제보 306명 중 113명 사망」, 『일요경제신문』, 2017년 3월 2일.

3　클라우스 바겐바하, 『프라하의 이방인』, 전영애 역 (한길사, 2005), 73.

4　줄스 에번스, 『삶을 사랑하는 기술』, 서영조 역 (도서출판 길벗, 2018), 205.

5　박석무, 『다산 정약용 평전』 (민음사, 2014), 483.

2장 철학은 나에게 너는 지금 속고 있다고 한다.

6　프리드리히 니체, 『인간적인, 너무나 인간적인 1』, 김미기 역 (책세상, 2001), 254.

7　박영훈, 『당신의 아이가 수학을 못하는 진짜 이유』 (도서출판 동녘, 2015), 31.

8　허자경, 「고교생 44% "10억 생기면 1년 감옥가도 좋다"」, 『조선일보』, 2013년 1월 8일.

9　카를 마르크스, 『임금 노동과 자본』, 박광순 역 (범우사, 2008), 68.

10　앞의 책, 56.

11　고구레 다이치, 『월급쟁이 자본론』, 오시연 역 (중앙북스, 2014), 58.

12　나심 니콜라스 탈레브, 『안티프래질_불확실성과 충격을 성장으로 이끄는 힘』, 안세민 역 (미래엔, 2013), 132-133.

13　황광우, 『촛불철학』 (도서출판 풀빛, 2017), 136-137.

14　카를 마르크스, 『임금 노동과 자본』, 박광순 역 (범우사, 2008), 62.

3장   철학은 내가 인간이었음을 다시 알려 준다.

15   모리스 메를로 퐁티,『지각의 현상학』, 류의근 역 (문학과지성사, 2002),
     680.

16   비트겐슈타인,『논리-철학 논고』, 이영철 역 (책세상, 2006), 114.

17   임마누엘 칸트,『실천이성비판』, 백종현 역 (아카넷, 2019), 357.

18   프리드리히 니체,『아침놀』, 박찬국 역 (책세상, 2004), 9.

19   루트비히 비트겐슈타인,『논리-철학 논고』, 이영철 역 (책세상, 2006), 92-
     93.

20   황광우,『촛불철학』(도서출판 풀빛, 2017), 5-6.

21   에리히 프롬,『나는 왜 무기력을 되풀이하는가』, 장혜경 역 (도서출판 나무
     생각, 2016), 103.

22   프리드리히 니체,『인간적인, 너무나 인간적인 1』, 김미기 역 (책세상, 2001),
     339.

23   안토니오 다마지오,『스피노자의 뇌』, 임지원 역 (사이언스북스, 2007), 48.

24   빅터 프랭클,『죽음의 수용소에서』, 이시형 역 (청아출판사, 2005), 61.

25   비트겐슈타인,『비트겐슈타인의 인생노트』, 이윤 역 (필로소픽, 2015), 225.

4장   철학은 나에게 비겁하다고 한다.

26   칼 슈미트,『정치적인 것의 개념』, 김효전, 정태호 역 (살림출판사, 2012),
     39.

27   조르조 아감벤,『호모 사케르』, 박진우 역 (새물결, 2008), 45.

28   슬라보예 지젝,『폭력이란 무엇인가』, 이현우 외 역 (도서출판 난장이,
     2011), 262.

29   김지연,「길어야 소년원 2년, 소년법 허점 파고드는 10대들」,『세계일보』,
     2018년 10월 2일.

30   프레데리크 그로 외 공저,『미셸 푸코 진실의 용기』, 심세광 역 (도서출판
     길, 2006), 193.

31   임마누엘 칸트,『이성의 한계 안에서의 종교』, 백종현 역 (아카넷, 2011),
     19-20.

32 플라톤, 『소크라테스의 변명』, 강윤철 역 (스마트북, 2013), 59.

33 김예슬, 『촛불혁명』(느린걸음, 2017), 279.

34 자크 랑시에르, 『불화』, 진태원 역 (도서출판 길, 2015), 42.

35 루소, 『사회계약론 외』, 박호성 역 (책세상, 2015), 42-43.

36 플라톤, 『소크라테스의 변명』, 강윤철 역 (스마트북, 2013), 57.

37 에리히 프롬, 『자유로부터의 도피』, 원창화 역 (홍신문화사, 1998).

38 에리히 프롬, 『풍요로운 삶을 위하여』, 이민수 역 (씽크빅, 2001), 100.

5장   철학은 죽음을 미리 연습하는 것이다.

39 모리스 블랑쇼, 『밝힐 수 없는 공동체』, 박준상 역 (문학과지성사, 2005), 18.

40 조르주 바타유, 『저주의 몫. 에로티즘』, 유기환 역 (살림출판사, 2006), 53-
    54.

41 이즈미야 간지, 『눈물이 나올지도 모르겠습니다만 어쩌면 실마리를 찾을지
    도』, 박재현 역 (레드스톤, 2018), 198.

42 폴커 슈피어링, 『철학 옴니버스』, 정대성 역 (자음과모음, 2007), 91.

43 레이 몽크, 『비트겐슈타인 평전』, 남기창 역 (필로소픽, 2012), 289.

44 루트비히 비트겐슈타인, 『비트겐슈타인의 인생노트』, 이윤 역 (필로소픽,
    2015), 121, 127.

45 레이 몽크, 『비트겐슈타인 평전』, 남기창 역 (필로소픽, 2012), 66.

46 같은 책, 71.

47 같은 책, 221.

48 같은 책, 211.

49 루트비히 비트겐슈타인, 『비트겐슈타인의 인생노트』, 이윤 역 (필로소픽,
    2015), 65.

50 같은 책, 112.

51 같은 책, 222.

52 같은 책, 825.

53 같은 책, 125.

54 프리드리히 니체, 『인간적인, 너무나 인간적인 1』, 김미기 역 (책세상, 2001),

그 새벽 너의 카톡은

56.

55 왕충,『논형』, 이주행 역 (소나무, 1987), 81.

56 김영래,『알베르 카뮈-태양과 청춘의 찬가』(토담미디어, 2013), 47-48.

57 들뢰즈,『스피노자의 철학』, 박기순 역 (민음사, 1999), 183.

58 나가르주나,『중론』, 김성철 역 (경서원, 1993), 257.

새내기 상담 샘이 청소년들에게 보내는 메시지

그 새벽 너의 카톡은

1판 1쇄 인쇄 2023년 6월 16일
1판 1쇄 발행 2023년 6월 23일

지은이	송수진
펴낸이	유지범
책임편집	구남희
편집	현상철 · 신철호
외주디자인	심심거리프레스
마케팅	박정수 · 김지현

펴낸곳	성균관대학교 출판부
등록	1975년 5월 21일 제1975-9호
주소	03063 서울특별시 종로구 성균관로 25-2
전화	02)760-1253~4
팩스	02)760-7452
홈페이지	http://press.skku.edu/

ISBN 979-11-5550-594-6 03100

잘못된 책은 구입한 곳에서 교환해 드립니다.